EL ARTE DE VIVIR

Vivir dentro de las Leyes de la Vida

BENJAMIN CREME

*La pintura reproducida en la portada es de un cuadro de Benjamin Creme, titulado **Infusión del Alma** (1966).*

Dedicatoria

Este libro está dedicado a mi
venerado Maestro.
Su presencia adumbradora es
su inspira*ción.*

Índice

Tercera Parte: Ilusión

Prólogo

En común con los dos libros previos, *El Gran Acercamiento* y *El Arte de la Cooperación*, *El Arte de Vivir* está concebido como tres partes separadas pero interconectadas. Cada parte concluye con un conjunto de preguntas y respuestas surgidas del tema de la charla.

En la Primera Parte, 'El Arte de Vivir', un comentario sobre un artículo de mi Maestro y publicado en la revista *Share International*, volumen 25, Nº 1, 2006, se presenta la idea de que vivir es un arte, como es la pintura y la música. Al igual que la pintura y la música, o cualquier otro arte, por tanto, vivir requiere la comprensión y el cumplimiento de las leyes y normas bajo las cuales el arte puede florecer. Este concepto esencialmente nuevo de vivir se relaciona con la gran Ley de Causa y Efecto (la Ley del Karma en Oriente) y la relacionada Ley del Renacimiento, las leyes básicas de nuestra existencia planetaria. La correcta comprensión y seguimiento de estas dos leyes son requisitos previos para la creación de la inofensividad en cada esfera de nuestras vidas y así también para la creación de correctas relaciones humanas, por sí misma un requisito previo para la felicidad humana. Es por la expresión externa del alma humana interior a través de la intuición que esto finalmente se logra. Estamos entrando en una era en la cual grandes nuevas energías estarán a nuestra disposición para un florecimiento de todas las artes, sobre todo el arte de vivir.

La Segunda Parte, 'Los Pares de Opuestos', es un comentario sobre un artículo dado por mi Maestro y publicado en la revista *Share International*, volumen 22, Nº 1, 2003.

Históricamente, la evolución humana podría parecer casi la de una guerra, agresión y odio constantes. Con el descubrimiento de la bomba atómica, hemos perfeccionado nuestra capacidad de destruirnos unos a otros en grandes cifras y a grandes distancias. ¿Es esta destructividad, por tanto, la verdadera naturaleza esencial del hombre? Y si no lo es, ¿por qué nos comportamos de forma tan consistente como si lo fuera?

La respuesta yace en la posición única del hombre en la evolución de los reinos de la Tierra, el punto de encuentro del espíritu y la materia. El hombre, en esencia, es un alma inmortal, divinamente perfecta, inmersa en la materia. Durante largas eras del proceso encarnatorio, la inercia del aspecto materia impide cualquier expresión significativa de la perfección del alma. Al final, la aspiración innata del hombre le conduce hacia arriba y hacia dentro hasta que los dos polos de su naturaleza gradualmente se juntan y se resuelven en una unión total.

Entonces el hombre perfeccionado comprende que la dicotonomía entre espíritu y materia –su aparente oposición– es sólo ficticia, de hecho, una ilusión. Él ve que se trata de aspectos diferentes de un Todo perfecto y divino.

La larga lucha para alcanzar esta revelación genera la fricción y el fuego necesarios para el viaje, su aspiración ilumina el camino. Así el hombre cumple con su papel destinado en el planeta Tierra: la espiritualización de la materia.

A diferencia de la Primera y Segunda Parte, que son comentarios sobre artículos dados por mi Maestro para la revista *Share International*, la Tercera Parte está inspirada en algunas líneas sobre la ilusión, dadas a través de Alice A. Bailey por el Maestro Djwhal Khul (DK), y citadas por Aart Jurriaanse en su recopilación, *Reflexionen sobre Esto* (Lucis Press, 1971)

La charla revela el inesperado hecho de que la ilusión es una actividad del alma, en donde el alma misma está cegada por la tergiversación de ideas que le son presentadas por los cuerpos mentales de la humanidad. Al igual que el espejismo es ilusión en el plano astral-emocional, la ilusión *per se* es una condición de aquellos que tienen una orientación más intelectual. Inundan el cuerpo mental con ideas y multitud de formas mentales que impiden al alma experimentar la realidad.

La tercera parte cubre las ilusiones de los individuos, las naciones, los gobiernos y los grupos de todo tipo. Allí donde las personas tergiversen la realidad, a través de la ignorancia y la falta de visión espiritual, ellas crean un bloqueo para la visión del alma, y viven en ilusión. El uso de la intuición, una facultad del alma, es visto como el único instrumento que puede aclarar el cuerpo mental de la ilusión. Esto requiere una intensificación del contacto con el alma que se desarrolla por la correcta meditación, el control mental y una creciente comprensión inteligente y práctica de las leyes de la vida. Esto ahora atrae a un número creciente de personas, y conducirá al final, bajo el estímulo de los Maestros, a la liberación de la humanidad de la niebla de la ilusión.

Información básica

Estas conferencias y respuestas a preguntas fueron principalmente dirigidas a grupos familiarizados con mi información y con publicaciones anteriores. Por tanto yo hablo libremente sobre el Señor Maitreya y los Maestros de Sabiduría, sin la necesidad de explicar quiénes son, Su trabajo y relación con la humanidad. Para los nuevos lectores, no obstante, alguna explicación es esencial y ofrezco la siguiente explicación breve de Su trabajo y planes.

Los Maestros de Sabiduría son un grupo de hombres perfeccionados que nos han precedido en la evolución y realmente han alcanzado un punto donde ya no necesitan encarnarse más en nuestro planeta. No obstante, permanecen en el planeta Tierra para supervisar la evolución del resto de nosotros. Son los custodios del proceso evolutivo, los guías, los mentores, los protectores de la raza, y trabajan para cumplir el Plan de Evolución de nuestro Logos Planetario a través de la humanidad y los reinos inferiores. Durante muchos miles de años Ellos (y Sus predecesores) han vivido principalmente en las zonas remotas montañosas y desérticas del mundo –los Himalayas, Andes, Montañas Rocosas, Cascadas, Cárpatos, Atlas, Urales, y los desiertos de Gobi y otros más. Desde estos retiros montañosos y desérticos Ellos han supervisado y estimulado la evolución humana desde detrás de la escena.

Durante más de 500 años Ellos se han preparado para un regreso grupal al mundo cotidiano que, yo sostengo, está ahora en progreso. En julio de 1977, quién está a la cabeza y los dirige, el Señor Maitreya, que encarna el Principio Crístico (la energía del Amor) y ejerce el cargo de Instructor del Mundo, descendió de Su retiro en los Himalayas y llegó a Londres, Inglaterra. Su 'punto focal' en el mundo moderno. Maitreya vive en la comunidad asiática de Londres como un hombre 'normal y corriente', aguardando el momento apropiado para aparecer abiertamente ante el mundo. Él es esperado por los grupos religiosos bajo diferentes nombres: el Cristo; el Imán Mahdi; el Mesías; Krishna; Maitreya Buddha. Él no viene como un líder religioso sino como un educador en el sentido más amplio.

La presencia de Maitreya impulsará a la humanidad a realizar los cambios necesarios en nuestra vida política, económica y social que garantizará paz, justicia y libertad para toda la humanidad. Su principal preocupación es la desigualdad en los estándares de vida entre los mundos desarrollado y en vías de desarrollo, que, Él dice, amenaza al futuro de la raza. La reciente actividad terrorista es un síntoma de estas divisiones. Maitreya ve el principio de compartir como la clave para solucionar nuestros múltiples problemas, y los medios para conducir a la humanidad hacia correctas relaciones. Maitreya ha dicho: "Tomad la necesidad de vuestro hermano como la medida de vuestra acción y solucionad los problemas del mundo. No hay otro camino". Pronto Maitreya será visto en uno de los principales canales de televisión de EEUU (sin ser anunciado como Maitreya) y Su Misión abierta comenzará.

En enero de 1959 fui contactado por uno de los Maestros de los Himalayas y poco después por el propio Maitreya. Se me ofreció la labor de preparar el camino para Su emerger, creando el clima de esperanza y expectación, una labor a la que me he dedicado durante 28 años. En el curso del entrenamiento por parte de mi Maestro para prepararme para este trabajo, hemos establecido un lazo telepático de doble sentido a cada momento. Esto le permite comunicarse conmigo con el mínimo de Su atención y energía. Él fraguó un instrumento a través del cual podría trabajar, y responder a Su más leve impresión (por supuesto, con mi completa cooperación y sin el más mínimo infringir de mi libre albedrío). Los artículos del Maestro reproducidos en este libro fueron dictados por Él originalmente para la revista *Share International*.

Más información sobre Maitreya y los Maestros de Sabiduría puede encontrarse en mis libro y en la revista *Share International* y en la página web, detalles de los cuales se pueden encontrar al final del libro.

Me gustaría expresar mi gratitud a las muchas personas en Londres y San Francisco cuyo tiempo y esfuerzo han contribuido a este libro. Su devoción a las tareas de transcripción, corrección e indexación, llevadas a cabo con entusiasmo y eficientemente, han hecho posible su publicación. En particular, me gustaría expresar mi gratitud, una vez más, a Michiko Ishikawa por su trabajo invaluable en organizar el copioso material de una forma legible.

Benjamin Creme

Londres, Marzo del 2006

Primera Parte
El Arte de Vivir

*Éste capítulo está basado en una versión editada de la charla temática impartida por Benjamin Creme en la Conferencia de Meditación de Transmisión celebrada cerca de San Francisco, EEUU, en agosto del 2005. (Publicada por primera vez en la revista **Share International**, enero/febrero 2006)*

Esta charla trata del arte de vivir. Es probablemente el tema más importante del que uno puede hablar, aunque la inmensa mayoría de personas en la Tierra no tienen idea de que vivir es un arte. Dado que es un arte, no tiene lugar por azar. Las leyes y normas que subyacen al arte deben comprenderse y cumplirse. Sólo entonces tendremos un mundo en el cual todos sus habitantes vivan en correctas relaciones, expresando su divinidad, su Deidad. Si no sabemos que existen leyes y normas, acabamos como ahora o como todas las veces anteriores, en un caos, una situación catastrófica, totalmente disociado de la idea de un arte.

Una expresión artística, sea pintura, música, o algún otro arte, tiene que obedecer ciertas leyes y normas. Si deseas ser un pintor o compositor, tienes que aprender las leyes que gobiernan las cualidades del arte, como la proporción, como la revelación. La magia del arte reposa en la obediencia de estas leyes. Conjuntamente con estas leyes existen normas, que, en algunos casos, en ciertos períodos de la historia, se han respetado literalmente durante miles de años sin ningún cambio aparente. Tales piezas de arte se reproducen ahora en grupos religiosos bajo los mismos cánones antiguos de belleza, rectitud y verdad, cánones de santidad y correctas relaciones del hombre hacia Dios, y por tanto del hombre hacia el hombre.

En su mayoría, los pintores y compositores modernos han estirado al límite estos cánones y los han distendido, y han creado arte que, si obedece las leyes y normas de su medio, lo hace de una forma muy indolente, desordenada e improvisada, instintiva y no muy bien desarrollada. El arte producido bajo esta falta de cánones es relativamente superficial. Eso no significa que es un arte malo, pero es superficial, no toca las profundidades del significado pertenecientes a las forma más elevada del arte.

Nos encontramos en un período de desorden extremo en nuestro mundo –política, económica y socialmente. Todos somos conscientes de ello. Crecientemente, las masas de personas se están haciendo conscientes de ello y comienzan a preocuparse y sentir la inutilidad de estas incorrectas estructuras, incorrectas leyes, incorrectos hábitos –en otras palabras, condicionamiento– y buscan formas de salir de ellos. Eso produce el desorden que presenciamos actualmente en el mundo.

Si eres pintor, sabes que existen ciertas leyes de proporción que, a grandes rasgos, la mayoría de artistas respetan aunque sólo sea instintivamente por hábito de haberlas visto antes en el arte que respetaba las normas de composición, las leyes de proporción. Incluso si se trata de un arte muy convencional, un producto muy poco original, si obedece estas leyes hasta cierto punto, incluso instintivamente, sin mucha comprensión, entonces esa pintura o pieza de música es útil e interesante para alguien. Podría contener una sintonía que siempre agrada o tener colores y proporciones bonitas que complacen el ojo.

No puede existir bajo ningún concepto un trabajo de arte que no cumpla de alguna forma una ley, norma o procedimiento, por desconocido que sea. Cuanto mejor sea el artista, más consciente será de ese procedimiento y mejor será a la hora de lograr sus objetivos. El artista convencional estará satisfecho en una etapa temprana. El arte convencional de cualquier período, sea pintura o música, es popular y no pone a prueba la comprensión de la mayoría de las personas.

El pintor comienza con un lienzo o tablero. Comienza a cubrirlo con formas o toques coloreados hasta que obedece la ley de la belleza según su sentido de lo que es la belleza, hasta que parece correcto, hasta que todo está en sus sitio, por más convencional que pueda ser la imagen. Cada ángulo y curva se relaciona con el ritmo general de la pintura. Posee cierto tipo de vida, por convencional que sea. Emana una vibración que hace que las personas la compren y la coloquen en la pared. Si no tuviera esa vibración, nadie compraría el cuadro, por más sencillo y convencional que fuese.

Si eres un compositor, tienes que conocer lo que hace que funcione la música. Tienes que comprender las leyes de armonía y muchas otras leyes y propiedades de la música, dependiendo de la complejidad del trabajo. Tienes que ser capaz de componerla. Siempre tienes que buscar acabarla, de reconocer hasta dónde llegar, cuán larga o corta debe ser la pieza. Los compositores han experimentado a lo largo de las eras con la duración de la composición, pero independientemente de la duración, tienen que respetar las leyes de la composición. Tienen que obedecer las leyes de contrapunto, armonía, instrumentación y matiz del sonido. Se necesita una enorme y rica cantidad de conocimiento para la producción de una pieza de música sofisticada, por convencional que resulte en términos de significado.

No obstante, en la vida, las personas no tienen educación real. Si quieres ser un pintor, o bien vas a una escuela de arte o a un estudio de alguien que ya es adulto en su desarrollo y aprendes de él. De igual forma, los músicos aprenden unos de otros. Van a una escuela de música y aprenden los rudimentos. Los rudimentos son fundamentalmente las leyes que gobiernan la producción de una pieza.

En la educación, nos enseñan a leer y escribir, que, por supuesto, son muy importantes. Nos enseñan un poco de historia, geografía, aritmética, matemáticas generales, y eso es casi todo. Nos enseñan hasta cierto punto, cómo aprender al menos el conocimiento concreto de una ciencia específica o técnica necesaria y eso es todo. No nos enseñan cómo vivir, el arte de vivir. No existe una escuela a la que podamos asistir para aprender el arte de vivir.

Es un problema espiritual porque el arte de vivir está ligado con la vida misma. Depende de lo que creas sobre la naturaleza de la vida, de cuán importante encuentras profundizar en la naturaleza de vivir, o intentes analizar y comprender lo fundamental de la vida en cualquier período de tiempo.

Vivimos en un momento extraordinario, un período transitorio entre dos grandes eras, así que lo que parecía constante antes ya no lo es. El conocimiento que parecía seguro ya no lo es. Todo lo que vemos es el pasado y posibles pistas del futuro, y estamos desgarrados, de pie en el medio.

Me gustaría profundizar en este pensamiento leyendo un artículo que mi Maestro escribió para la revista *Share International*.

Avanzar hacia la Divinidad

Por el Maestro —, a través de Benjamin Creme

En todo el mundo, los hombres están comenzando a comprender que sus creencias y certezas de siempre son menos ciertas de lo que ellos suponían. El fracaso de sus instituciones sociales y políticas pone en entredicho el valor de sus formas establecidas de pensamiento, y les plantea un dilema: las formas actuales de pensamiento y acción ya no parecen funcionar; las formas futuras son, aún, poco claras. Así los hombres se encuentran indecisos, esperando orientación, perdidos en un vano intento de mantener el pasado o predecir el futuro. En tales situaciones, los hombres están maduros para el cambio.

Pocos hay que conocen la dirección o amplitud de los cambios necesarios, ni cómo se pueden llevar a cabo, pero, gradualmente, muchos están comenzando a caer en la cuenta de que las formas actuales de vida padecen una ruina de significado y carecen de todo potencial para la felicidad humana. Gran número de personas optan así por 'marginarse' de la lucha y buscan consuelo y equilibrio en el creciente número de religiones, filosofías y 'cultos', antiguos y nuevos. Los cambios necesarios parecen demasiado vastos, demasiado radicales, para que las manos y mentes humanas los pongan en funcionamiento, y ellos se giran hacia el interior al Dios que, ellos sospechan, controla los asuntos de los hombres.

Si tan sólo supieran que, ellos, por sí mismos, son ese mismo Dios, esperando la oportunidad de manifestarse. Ellos, por sí mismos, controlan sus vidas, para bien o para mal. Son ellos, con sus acciones, los que hacen girar la rueda de los acontecimientos, que engendran el conflicto o la paz, que siembran el mal o la buena voluntad.

Los hombres deben comprender su papel y poder innato en la vida y tomar, así, responsabilidad de su cualidad y dirección. A menos que hagan esto nunca dejarán atrás la infancia.

Maitreya entra ahora en la arena del mundo para enseñar a los hombres que ellos son Dioses en potencia, que son poderosos, realmente, y que ese condicionamiento, solo, les mantiene esclavizados en la superstición y el temor, la competencia y la codicia. Él mostrará a los hombres la manera de renunciar al pasado, y de construir, bajo Su sabia orientación, una civilización digna de hombres que avanzan hacia su Divinidad. No está lejos el día en el que los hombres escuchen Su Llamada, y oyéndola, responderán. No está lejos el día cuando los hombres sepan que la larga noche oscura ha tocado fin, que ha llegado el momento para dar la bienvenida a una nueva luz que ha entrado en el mundo.

Así los hombres comenzarán la labor de reconstrucción, una labor que demanda la fortaleza y la voluntad de todos. Todos deben ver este momento como una oportunidad de servir y crecer, de cumplir el destino que les ha traído al mundo en este tiempo.

Cuando, en tiempos futuros, los hombres miren hacia atrás a estos días cumbres, se cuestionarán con asombro e incredulidad la facilidad con que toleramos las injusticias presentes: la crueldad y el sufrimiento sin sentido que tanto deshonra nuestras vidas. Maitreya viene a luchar contra los males antiguos y a conducir a los hombres a la Era de la Luz. Tendedle vuestra mano de bienvenida y permitidle que os guíe hacia vuestro Ser. (*Share International*, Julio/Agosto 2000)

El siguiente artículo se titula 'El Arte de Vivir' y lo iré comentando a medida que avancemos.

El Arte de Vivir

Por el Maestro —, a través de Benjamin Creme

Dentro de poco, tendrá lugar un gran cambio en nuestro acercamiento a la vida. Del caos de la época actual emergerá una nueva comprensión del significado que subyace a nuestra existencia y se harán todos los esfuerzos para expresar nuestra conciencia despierta de ese significado en nuestras vidas diarias. Esto ocasionará una transformación completa de la sociedad: una nueva viveza caracterizará nuestras relaciones e instituciones; una nueva libertad y sentido de alegría reemplazarán al temor actual. Por encima de todo lo demás, la humanidad llegará a darse cuenta de que vivir es un arte, basado en ciertas leyes, que requiere la función de la intuición para la correcta expresión.

La inofensividad es la clave de la nueva belleza que emergerá en las relaciones. Un nuevo sentido de responsabilidad en las acciones y pensamientos guiará a cada uno en cada situación; una comprensión de la Ley de Causa y Efecto transformará el acercamiento mutuo de los hombres. Una nueva interacción más armoniosa entre los hombres y las naciones suplantará la desconfianza y competición actuales. Gradualmente, la humanidad aprenderá el arte de vivir, trayendo a cada momento la experiencia de lo nuevo. Ya no vivirán los hombres con temor del futuro y de sus semejantes. Ya no pasarán hambre millones de personas o llevarán la carga del trabajo por sus hermanos.

Cada uno tiene un papel que desempeñar en el complejo diseño que está tejiendo la humanidad. Cada contribución es de valor único y necesario a la totalidad. Por muy débil que todavía sea la chispa, no hay nadie en quien no pueda ser encendido el fuego de la creatividad. El arte de vivir es el arte de dar expresión a ese fuego creativo y así revelar la naturaleza de los hombres como Dioses potenciales.

Es esencial que todos los hombres compartan esta experiencia y aprendan el arte de vivir. Hasta ahora, una vida verdaderamente creativa ha sido el privilegio de los pocos. En esta época venidera la creatividad inexpresada de millones agregará un nuevo brillo a los logros del hombre. Emergiendo de la oscuridad de la explotación y el temor, con verdaderas y correctas relaciones, cada hombre encontrará dentro de sí mismo el propósito y la alegría de vivir.

La presencia del Cristo y los Maestros acelerará este proceso, inspirando a la humanidad a métodos de progreso más saludables y seguros. Una nueva simplicidad distinguirá a la civilización venidera bajo la orientación de estos Conocedores de Dios.

Ya hay un creciente sentido de que todo no está bien en el estado del hombre. Cada vez más, los hombres se hacen conscientes de las limitaciones de sus vidas y buscan algo mejor. Cuestionan los modos y las estructuras que inhiben la participación en la plenitud de la vida y anhelan un sentido y propósito en todo lo que hacen.

En breve, nuevas energías entrarán en nuestras vidas e inspirarán a los hombres a la acción creativa. Se dará un nuevo estímulo armonioso al arte y al arte de vivir. Una belleza jamás vista anteriormente transformará los caminos de los hombres e iluminará para siempre la naturaleza de Dios.

El hombre está ahora preparado para la Revelación. Su corazón y mente preparados y orientados hacia el futuro, espera la gloria que, por disponibilidad, él ha invocado. (*Share International*, Octubre 1983)

Dentro de poco, tendrá lugar un gran cambio en nuestro acercamiento a la vida. Ya está sucediendo. Ya existe una tendencia oculta de cambio, una simplificación de nuestras exigencias de la vida, una creciente aversión por el materialismo y todo lo que significa en todo el mundo. De momento es muy fragmentario. No existe ninguna nación que uno pueda señalar como más avanzada que las demás, en conjunto, a la hora de llevar a cabo esta transformación.

A lo largo de este vasto y extenso país, los Estados Unidos, existen focos de pensadores y experimentadores en vivir que están intentando bastante conscientemente de encontrar las formas del futuro. Observados desde este punto parecen bastante superficiales. Utilizando un término esotérico bien conocido, están llenos de espejismo, ilusión. Pero los experimentos se están llevando a cabo y se está aprendiendo mucho. De esta forma los precursores del futuro están buscando las estructuras –políticas, económicas, religiosas y sociales– que caracterizarán ese futuro y harán que el caos actual sea algo del pasado.

Todos conocemos el caos en el que vivimos. No existe ningún lugar en todo este mundo, con sus 6.500 millones de habitantes, en el cual exista algo que se acerque a la armonía, las correctas relaciones. Armonía significa correctas relaciones.

Todo pintor y compositor busca armonía. Podría parecer a algunos como desarmonía, pero para él, está buscando armonía. Lo hace bastante conscientemente para juntar en un todo las diversas partes que componen su obra de arte –música o pintura. Trabaja hasta que tiene la sensación de que está completa.

¿Cómo sabe cuando está completa? Él conoce poco más sobre la pintura o pieza de música que el resto de nosotros. Es su pieza de arte, pero hasta que se crea, hasta que es un objeto finalizado, está abierto al cambio. Debe tomar la decisión de cuándo acabar. Algo le induce a reconocer ese momento de decisión. Llega cuando todas las facetas del arte obedecen las leyes bajo las cuales el arte vive y se expresa, y lo hace de una forma vívida y vibrante.

No existe una gran alegría en crear arte muerto, aunque se crea mucho arte y música muertos. Podría ser que la obra de arte, convencional y muerta, inerte rítmica, melódica y estructuralmente, no tenga nada nuevo que decir, que dar al mundo. Siendo convencional, repetirá de forma más o menos eficiente aquello que se ha hecho antes, quizás miles de veces.

Una copia, a menos que se haga con una cierta calidad, está muerta antes de comenzar. Existen grandes copias realizadas por los mismos artistas. No sé si eres capaz de hacer una copia de música, pero puedes copiar el estilo de otras personas. Stravinsky fue un maestro en reinventar música antigua, y utilizó muchas partituras de compositores del pasado para crear algo completamente nuevo –y también completamente Stravinsky. Eso es algo extraordinario, tomar arte del pasado y convertirlo en algo enteramente tuyo.

Su amigo Picasso hizo algo muy similar en pintura. Él pudo observar el arte del pasado y seleccionar de Velázquez, Manet o algunos otros artistas que admiraba o envidiaba. Podía escoger arte que despertaba su acto creativo, para reinventar, utilizando las formas, las ideas, el tema, la atmósfera del original para crear algo completamente nuevo.

Así es como trabaja la creatividad: tomando lo que es conocido y reinventándolo completamente. Si observas la pintura del pasado, escuchas la música del pasado, tan diferente del arte y la música de la actualidad, reconoces a pintores y músicos reinventado el pasado. Toman a sus antepasados inmediatos, aprenden de ellos y le añaden su voz individual.

Intuición

¿Cómo lo hacen? ¿De qué forma puedes poner tu voz, tu propia individualidad en una pintura o pieza de música? No es algo que puedas comprar en una tienda y añadirlo. Tiene que venir de ti. ¿Cómo decides cuándo funciona? Cualquiera puede tener la idea, pero tener la idea y hacer que esa idea funcione para que un fragmento del arte del pasado se convierta en arte del presente –nuevo, fresco, interesante y nunca escuchado o visto antes requiere algo más.

Se hace con la función y uso de la intuición. Sin la intuición no tendría lugar, al igual que ningún arte creativo se ha hecho jamás sin la función de la intuición. Dado que la intuición es una cualidad del alma, una demostración del alma trabajando a través de su reflejo –el hombre o la mujer que está componiendo o pintando– la intuición es, por tanto, el fuego creativo detrás de la obra de arte. Proviene del alma. Todo el arte y la música de calidad del pasado, que te estimula, que perdura, que tiene un significado durante cientos, a veces miles, de años, es la demostración de la cualidad del alma.

El arte proviene del alma y es una demostración a través de la intuición del hecho de que los hombres y las mujeres son almas. Cuanto más actúan como almas, más elevada es la calidad del arte que crean. Siempre está sujeto al grado en el cual el alma ha sido capaz de demostrar su creatividad a través del hombre o mujer que realiza el arte. El arte y la cultura provienen del alma.

Sin ese conocimiento del alma, construimos estructuras para que sólo unas pocas personas, hablando relativamente, puedan de hecho expresar su alma en su cultura. De hecho todos somos almas, pero tenemos que demostrar ese hecho. Si vives en la parte más pobre de África o partes del mundo donde sólo existe el tipo de vida más pobre y básico, donde tienes que trabajar 18 horas al día sólo para poder alimentarte a ti y a tu familia, entonces, por supuesto, se producirá poco o nada de arte. Los vehículos del alma necesitan tiempo de ocio para permitir al alma demostrarse. El hombre o mujer son el vehículo del alma. Si tienen poco tiempo de ocio o nada, no van a conseguir una demostración elevada de la creatividad del alma.

No es que necesitemos pintura y música para saber que el alma existe, sino que dado que el alma existe, el hombre ha inventado formas y medios por los cuales tiene lugar su expresión. El hombre ama dibujar, pintar, crear música, realizar su instinto, su intuición de lo que realmente es la naturaleza de la vida. Él está expresando su respuesta a la vida y el estímulo que le fue conferido en la vida. Cuanto mejor lo haga, más involucrada estará el alma en el proceso. Cuanto más el alma esté involucrada en el proceso, más profundo, insondable y duradero será ese arte o música.

Podemos medir períodos de tiempo en los cuales, cuando miramos hacia atrás históricamente, la cultura estuvo a un nivel elevado y otros períodos cuando estuvo a un nivel relativamente bajo. Podemos ver así cómo trabaja el alma cíclicamente a través de la humanidad. Le lleva mucho tiempo a la humanidad poder evolucionar lo suficiente para permitir al alma expresarse a sí misma. Es el alma en el hombre o la mujer la que está expresando su conciencia despierta del mundo del significado. Por encima y más allá de la experiencia cotidiana, hasta el nivel de pensamiento más elevado que uno pueda imaginar, existe otro nivel de ser, los planos espirituales. Ese nivel de ser confiere a la persona en cuestión una conciencia despierta del mundo del significado. El mundo del alma es el mundo del significado.

El alma conoce el significado de la vida. Conoce el propósito que subyace a nuestra existencia. Conoce por qué estamos aquí. Nosotros no sabemos por qué estamos aquí. No sabemos quiénes somos ni nuestro propósito. Es así porque hemos permitido desconectarnos de la fuente de nuestro ser, que es el alma. Ni tan siquiera conocemos la triple constitución humana. No conocemos que todo hombre y mujer son fundamentalmente un Dios potencial.

Somos chispas de lo Divino, fragmentos de lo Divino, con toda la divinidad inherente en esa chispa. Debido a la naturaleza del mundo, del cosmos, el hecho de que una parte sea invisible pero que se exprese a sí misma en lo que denominamos vida, el devenir, la evolución de la vida, hace que el hombre o la mujer creen en el plano físico externo porque es allí donde residen nuestros vehículos. Esto crea las condiciones que realmente llegan a través suyo desde el nivel del alma, aunque sea de forma imperfecta.

Sin el alma, el hombre o la mujer no son nada, si se puede uno imaginar un hombre o una mujer sin alma. La chispa de Dios, la chispa divina, se refleja como un alma, y el alma se refleja a sí misma como el hombre o la mujer en el plano físico. El alma actúa como la intermediaria divina entre el plano espiritual, aquello que no está en la materia, y la materia misma, el plano físico. Existen en polaridad. El alma también llena la vida y demuestra la naturaleza del aspecto invisible del hombre, el aspecto divino, y describe eso en sus trabajos, sea en ciencia, música, pintura, arquitectura, o lo que sea. Se expresa a sí misma correctamente sobre todo cuando crea correctas relaciones. Se expresa a sí misma incorrectamente cuando hace lo opuesto.

Cuando miramos nuestro mundo actual, no vemos casi más que incorrectas relaciones. Si tienes incorrectas relaciones, tienes condicionamiento. Si tienes condicionamiento, tienes guerras. Todas las guerras, el sufrimiento, la incapacidad de la humanidad de demostrarse como almas en encarnación son el resultado del condicionamiento. No obstante nadie necesita estar condicionado. Todo ser humano individual está condicionado –por el pasado, por sus padres, por la misma naturaleza de los vehículos que posee, que han sido creados para él por su alma bajo la Ley del Karma. Esta gran ley determina la naturaleza física, la coloración emocional y el factor mental de ese individuo. El Karma lo origina y le permite crear correctas relaciones en su corta demostración. Solíamos decir 70 años, pero es un poco más ahora. Por más corta o larga que sea la vida, proporciona a la persona la oportunidad de afrontar los temas, corregir los errores hechos en el pasado y solucionarlos, y por tanto crear mejores relaciones humanas en una vida específica.

Reencarnación y Karma

Nos encarnamos una y otra vez para que se nos permita corregir los errores del pasado –nuestros errores, no los errores de otras personas. Muy pocas personas en Occidentes creen en la reencarnación aunque un creciente número de ellas la acepta como una idea intelectual, posiblemente cierta. No saben realmente lo que significa, pero dicen: "Quizás en mi vida pasada era un gato. Esa es la razón por la que me gustan tanto los gatos". Esa es la comprensión de los occidentales de la reencarnación. En Oriente, millones de personas han aceptado la reencarnación como parte de la naturaleza de sus vidas, pero incluso ellas no han comprendido cómo funciona esa gran Ley.

La vida avanza según la ley. Simple y obvio como parece, es algo que se ha dejado fuera de la ecuación. ¿Cuántas personas, cuántos filósofos que escriben sobre el significado y propósito de la vida, escriben sobre la reencarnación como una de las leyes, *la* gran ley de la vida? Es sólo en las enseñanzas esotéricas que la Ley del Karma, la Ley de Causa y Efecto, es comprendida por lo que es.

Jesús lo expuso muy sencillamente: "Lo que siembres, cosecharás". No se puede expresar de forma más simple, y pensarías que más comprensible. Lo que siembres, sea en un campo de trigo o no, cosecharás lo que has sembrado. En una buena tierra, con buenas semillas (si tienes fortuna con la climatología), entonces obtienes una buena cosecha. Si siembras trigo malo y no preparas la tierra apropiadamente, obtendrás una cosecha pobre. Es muy sencillo. Él lo expuso de esa forma porque Su audiencia estaba compuesta de agricultores y comprendían a lo que Él se refería. Pero está hablando absolutamente y claramente sobre la Ley del Karma. Lo expuso con tanto ingenio que nadie se lo tomó muy seriamente, sólo una de esas simplezas que no se ponen en práctica.

La Ley del Karma, la Ley de Causa y Efecto, es *la* gran ley que gobierna toda nuestra existencia. Cada pensamiento, cada acción que realizamos, pone en marcha una causa. Los efectos resultantes de esas causas conforman nuestras vidas para bien o para mal. Nos lo hacemos a nosotros mismos. Dado que esta ley sustenta la condición humana en el planeta

Tierra, estamos sujetos a ella. No podemos hacer nada al respecto excepto ser inofensivos.

Si eres inofensivo, obedeces la ley. Si creas correctas acciones, por tanto de las correctas acciones sólo surgen correctas reacciones. Pero nueve de cada diez veces, dada la ocasión, la humanidad ha creado incorrectas acciones. Siempre hemos creado guerras. Siempre hemos robado. Siempre hemos sido codiciosos, egoístas y complacientes. Todas estas acciones que conforman el activo de la humanidad son destructivas. De ahí el hecho que tengamos un mundo que es destructivo.

Tenemos un mundo de terremotos, inundaciones, tsunamis, y otras catástrofes. Tenemos accidentes aéreos, accidentes ferroviarios, accidentes de coches y todos los horrores del plano físico. Conocemos la enfermedad. Morimos por ella. Estamos impedidos por ella. Envejecemos deprisa por ella. La enfermedad es el resultado de nuestro pensamiento y acción incorrectos, y el pensamiento y acción incorrectos de nuestros progenitores, dado que heredamos la tendencia a una enfermedad u otra a través de nuestro marco genético.

¿Entonces qué hacemos? Es obvio que tenemos que crear inofensividad en cada situación, en todas las relaciones. Cuando creamos inofensividad en todas las relaciones, descubriremos que el mundo es un lugar más fácil, mejor, afable y armonioso en el cual vivir.

Parece tan sencillo, pero lo encontramos increíblemente difícil. Es tan difícil vivir de una forma ingeniosa. No me refiero a una forma astuta, sino de una forma que es distinguida, elegante y significativa, que obedece a las leyes de nuestra naturaleza, el hecho de que somos dioses potenciales, formas que están llenas de creatividad. Somos afortunados si tenemos el tiempo de ocio para ser creativos, pero necesita tiempo de ocio.

La mayoría de personas actualmente no tienen tiempo de ocio. Pueden tener el tiempo, pero tiempo y tiempo de ocio no son exactamente lo mismo. Necesitan la educación, la instrucción. Necesitan el estímulo y las condiciones en la vida de la armonía, de la inofensividad. La necesidad de comer al menos una vez, preferiblemente dos veces al día, de conocer la procedencia de sus alimentos.

Desafortunadamente, existen millones de personas en el mundo que no tienen ese placer, que difícilmente comen alguna vez, que no pueden recordar cuándo tuvieron su última comida. Millones de personas están muriendo en un mundo rebosante de alimentos. El mundo está tan rebosante de alimentos que no sabemos qué hacer con ellos. Sectores del mundo tiran alimentos a diario, y al mismo tiempo millones de personas fallecen por su carencia. Es una situación terrible y dolorosa –o debería ser dolorosa. Es dolorosa para las personas abandonadas. Debería ser doloroso para todos nosotros.

Debería ser un sufrimiento, una catástrofe en la vida saber que esto tiene lugar a diario, cada hora, momento a momento. Personas cruzan desiertos en busca de organismos de ayuda que, han oído, están distribuyendo alimentos. Alguien dijo que se está repartiendo alimento, pero una caminata de ocho días a través del desierto, si pueden hacerla. Recogen a sus hijos y caminan a través del desierto. Ésta es la realidad de millones de personas. Debería ser tan horroroso, tan doloroso, que no podríamos soportarlo ni un día más.

Como el Maestro dijo, está llegando el momento en el que miraremos atrás hacia este momento completamente increíble, incapaces de comprender cómo pudimos hacerlo. *"Cuando, en tiempos futuros, los hombres miren hacia atrás a estos días cumbres, se cuestionarán con asombro e incredulidad la facilidad con que toleramos las injusticias presentes: la crueldad y el sufrimiento sin sentido que tanto deshonra nuestras vidas"*

Nos lo tomamos tan a la ligera, incluso aquellos de nosotros preocupados por ello, que escribimos y hablamos de ello, nos unimos a grupos, y aplaudimos el trabajo de organizaciones no gubernamentales que distribuyen alimentos incesantemente. Es difícil imaginarse cómo podemos soportar esta situación, como raza. "¿Por cuánto tiempo", dice Maitreya, "podéis soportar esta degradación?" Es una degradación de nuestra vida. Es una degradación de nuestra realidad como dioses potenciales. Somos supuestamente seres espirituales que no demuestran su espiritualidad. Lo sabemos, pero no lo hacemos. No tenemos la voluntad para hacerlo.

La humanidad en su estado actual es capaz de ver el daño, la necesidad, los horrores del mundo actual y negar con la cabeza y dar un donativo a una organización de ayuda. Pero rápidamente podemos rehuir de ello, incapaces de mantenerlo y llevarlo hasta el punto en el cual la voluntad toma el mando, para así no seguir soportando esa degradación. Lo que se necesita es despertar la voluntad de la humanidad, no sólo su preocupación, para limpiar el mundo de estos males.

Existen otras mucha desigualdades horribles en el mundo, dolor y sufrimiento terribles, enfermedad y drogadicción. El uso que hacemos de otras personas, la increíble intolerancia que tenemos hacia otras nacionalidades, otros colores de hombres. Pensamos que somos bastante bien educados, muy evolucionados. Obviamente no lo somos.

Creo que se necesitará a Maitreya para mostrar a la humanidad esta desigualdad, para mostrar exactamente cuán acuciantemente horrible es. Todos sabemos que es horrible, ¿pero es acuciantemente doloroso? ¿Podemos pensar sobre ello con ecuanimidad? Si podemos pensar sobre ello con ecuanimidad y no nos perturba demasiado, entonces obviamente no somos tan civilizados, no tan evolucionados.

Los Maestros ven a la humanidad que ha llegado a un punto donde tienen la disposición de aprender. Esa es la razón de que los Maestros estén aquí. Les hemos invocado al estar más preparados que nunca para seguir los preceptos de los Maestros y crear armonía y justicia.

Equilibrio

Es armonía lo que busca el artista, armonía lo que busca el compositor. El arte podría no parecer o sonar tan armonioso, dependiendo del pintor o compositor, pero él mismo está buscando un punto donde él sabe cuándo ha creado lo que para él es una armonía, una esencia de vida, en la pintura o música, cuándo obedece las leyes de su naturaleza, cuándo está completa, cuando sabe que otro golpe de pincel u otra nota lo estropearía, alteraría el equilibrio. Él todo el tiempo está buscando equilibrio. Podría no hacerlo conscientemente pero si es un buen pintor o compositor, lo hace inconscientemente. Este sentido de intuición le guía en la aplicación de los colores y formas dado que no hay nadie más. Sólo existe su intuición para guiarle. Si sigue a su intuición entonces busca la consumación, y esa consumación es unidad. Por más desequilibrado que parezca a primera vista, él tiene que crear un equilibrio. No creas unidad llevando todo a una condición estática. Puedes crear unidad creando una situación no estática y luego llevándola hacia el equilibrio. Ese equilibrio es la vida de la pintura o la composición, o la vida de la comunidad en la cual estás trabajando.

Cuando la humanidad pueda crear equilibrio en todos los aspectos de su vida, entonces sabremos que estamos creando correctas relaciones humanas. Las correctas relaciones humanas son inofensivas y están en equilibrio. Equilibrio es estabilizar. Existen muchos factores en la vida, y tienes que juntarlos, como muchos factores en una pintura o escultura. Tienes que crearla de tal forma que al final has creado equilibrio, no una paridad muerta. De esta forma creas una estructura viviente. Si deseas una armonía de color podrías pintarlo todo de un color. Pero deseas dar expresión a muchos colores, muchas facetas, muchas tonalidades, y así debes trabajar más duro, utilizar tu intuición para llevarlos a un estado de equilibrio. El equilibrio no es estático.

La vida es vida cuando está en equilibrio. Cuando no está en equilibrio, es destructiva o estática, a punto de morir. La vida estática sólo es estática durante una fracción de segundo. El *status quo* es el último momento, pero ya estás fuera de ese último momento. Así que no existe tal cosa de status quo. Siempre hay movimiento, y ese movimiento está buscando estabilidad. Está buscando unidad, otra palabra para equilibrio.

Asimismo, todas las personas están buscando unidad. Subyacente a la búsqueda de significado en la vida de todos está la búsqueda de la unidad. Desean formar parte de un grupo, de la existencia humana porque son almas. Ya son divinos, y la naturaleza de la divinidad es unidad. Existen incontables millones de manifestaciones de esa divinidad en el universo, pero la naturaleza de la divinidad absoluta de la cual todo proviene es unificada, inmóvil, infinita, eterna, inmutable. Eso está detrás de cada uno de nosotros. Como Maitreya dice, ese es el Ser de la humanidad. El devenir es lo que sucede cuando eso toma la forma de la vida. Pasamos a través del proceso de evolución; eso es el devenir. Esencialmente somos el Ser, que es lo divino. La divinidad, cuando la vislumbramos, cuando la comprendemos, la reconocemos, nos proporciona la experiencia de lo que denominamos vida. Ese es el significado y esencialmente el propósito de quién y qué somos.

El siguiente es otro artículo de mi Maestro.

Las Leyes y Normas de la Vida

Por el Maestro —, a través de Benjamin Creme

Desde tiempos inmemoriales, los hombres han sabido y esperado la venida de un gran instructor, de un extraordinario hombre de sabiduría y verdad reveladora. Cíclicamente, era tras era, estos Grandes se han presentado. Hoy no es una excepción a esta ley cósmica. Al comenzar esta nueva era, los hombres se encuentran expectantes como nunca antes por ver al Gran Instructor que, aunque no lo sepan, ya está entre los hombres.

En todo el planeta, ancianos y jóvenes, pobres y ricos, están preparados para Su Anunciación, Su Declaración de Misión y Propósito, Su cita con la humanidad. Al acercarse el viejo siglo y era a su fin, las mentes de los hombres se aceleran con las nuevas energías que modelarán las formas de la nueva civilización e impondrán sus cualidades en la conciencia de los hombres. Estas cualidades – de síntesis y fusión, tolerancia y buena voluntad, inofensividad y amor fraternal – conducirán, en su momento, a la raza de los hombres hacia la manifestación de su gloria destinada. Así será, y así los hombres entrarán nuevamente en su antigua Alianza con lo Divino.

Aunque bien poco lo sepan, los hombres están en el umbral de un redespertar al mismísimo significado y propósito de su existencia.

Es, en parte, para ver a los hombres superar sin problemas este periodo de prueba y tanteo que sus Hermanos Mayores, los Maestros de Sabiduría, han regresado abiertamente al mundo. Con Su gran líder – Maitreya, el Instructor del Mundo – a la cabeza, Ellos inspirarán la creación de nuevas y más apropiadas estructuras que permitirán a los hombres vivir y trabajar juntos en paz. Desde esa paz se manifestará una creatividad y recursos nunca vistos con anterioridad.

Los hombres aprenderán y comprenderán las sutiles leyes que gobiernan sus vidas: la ley básica de la vida, la Ley del Karma, de Causa y Efecto, que controla el destino de todo; la afín Ley del Renacimiento, que hace posible el viaje del Alma por la materia; la Ley de la Inofensividad, que gobierna las correctas relaciones, y la gran Ley del Sacrificio mediante la cual toda evolución tiene lugar.

A través de una comprensión de estas leyes, los hombres llegarán a parecerse a sus Mentores, sus Hermanos Mayores, y a demostrar la Divinidad compartida por todos. Ellos prestarán atención a las enseñanzas de los Sabios y, paso a paso, heredarán su Derecho de Nacimiento. Los hombres nacen para convertirse en Dioses y nada podrá cambiar ese destino; el momento, sólo, yace en manos de los hombres.

Pronto el mundo sabrá que Aquel que los hombres esperan está ahora entre nosotros. Pronto, realmente, Él mostrará Su rostro y llamará a los hombres a Su lado. Pidiendo justicia para todos el Gran Señor afirmará

Su derecho a enseñar las Leyes y Normas de la Vida, el Sendero Sagrado por el cual los hombres se convertirán en Dioses. (*Share International*, Noviembre 1999)

He hablado sobre la Ley del Karma, la Ley del Renacimiento, y la Ley de la Inofensividad, pero la Ley del Sacrificio es quizás más difícil de comprender. La gran Ley del Sacrificio es la naturaleza misma de la evolución. Avanzamos en la evolución a través del sacrificio, siempre dentro nuestro, de lo inferior a lo superior.

Los cuerpos de expresión del alma –físico, astral/emocional y mental– son vehículos. Maitreya los denomina los 'templos' del Ser, a través de los cuales el Ser puede ver y observar la evolución del alma en encarnación, el 'devenir' nuestro como Dioses. Ese proceso se lleva a cabo por el refinamiento de la materia del equipamiento físico, astral/emocional y mental, refinándolos cada vida un poco más, introduciendo en ellos cada vez más luz, i.e. partículas subatómicas de materia. Al cambiar gradualmente los cuerpos, la naturaleza y exigencias del cuerpo físico cambian. De igual forma, las del cuerpo astral/emocional y finalmente las del cuerpo mental, también cambian. Cada cambio indica al Ser que observa en este proceso un cambio de estado del hombre o mujer, que se encarna a través de las Leyes del Karma y Renacimiento, trabajando bajo la Ley de la Inofensividad, y experimentando el proceso de la Ley del Sacrificio. Cada cambio en la cualidad de la energía de los cuerpos físico, astral o mental marca un grado de cambio que es un sacrificio dado que lo inferior siempre se sacrifica por lo superior. Cualquier avance evolutivo sólo se logra a través del sacrificio de algún aspecto inferior. Es imposible evolucionar y permanecer igual al mismo tiempo.

O avanzamos y cambiamos o no avanzamos. Cada avance que realizamos es el resultado de un sacrificio de lo inferior: los deseos o exigencias del cuerpo físico, los apegos y deseos del cuerpo emocional, el condicionamiento del cuerpo mental. El sentido del ser separado debe desaparecer. Cuando la última exigencia, un sacrificio completo del sentido del ser tiene lugar, estamos 'salvados'. De eso trata la salvación, sacándola de un contexto religioso. Eso es algo que cada uno de nosotros debe hacer por sí mismo. Ese es el objetivo final de la evolución de la humanidad en este planeta.

Entonces somos un Maestro. Estamos liberados de este planeta para siempre. Estamos libres de la atracción de la materia para siempre. Esta incorporación de luz en el vehículo una y otra vez es como morir al pasado y renacer al futuro, siendo el futuro aquello que te lleva a través del ciclo evolutivo hacia la salvación o el perfeccionamiento. Eso es lo que es el perfeccionamiento, y siempre se consigue con el sacrificio. La gran Ley del Sacrificio es básica en el proceso evolutivo. Esto es duro de asimilar para muchas personas porque piensan que el sacrificio es algo doloroso. Pero el sacrificio de ese tipo 'sucede'. No calculas la cantidad de luz, de partículas subatómicas, que entran y dices: "Está llegando a un nivel que es bastante doloroso".

Pero te das cuenta en tu vida que las cosas nunca son iguales. 'Mueres' a lo que captaba tu atención antes. 'Mueres' a lo que antes era una necesidad. 'Mueres' a la vida del cuerpo físico. Mueres a las exigencias e ilusiones del cuerpo astral, a la limitación y estrechez del cuerpo mental, debido a que estás elevándote más y más por encima de estos vehículos.

El alma te está infundiendo con cada vez más partículas subatómicas, y por tanto luz, y eso te hace más raro. Es purificador, enrareciendo los vehículos de tu cuerpo. Las exigencias de los vehículos inferiores se hacen menos pronunciadas, y las exigencias del alma se hacen más pronunciadas. Todo lo que haces realmente es reemplazar luz terrestre con luz del alma.

La materia es relativamente inerte y pesada, pero, por supuesto, no puedes trabajar sin ella. Debes pasar a través de la evolución. Es algo que necesitas pero que siempre estás refinando. Al evolucionar, estos vehículos siempre se están refinando con cada vez más luz subatómica, y ese es el sacrificio. No es realmente un sacrificio, pero ocultamente es un sacrificio. Sacrificas la materia inferior a la luz superior, y finalmente te conviertes en un Maestro. Algo que tenemos que aguardar. Todos en esta sala se convertirán en un Maestro –con el tiempo.

Tenemos que aprender el arte de vivir. Es una forma de arte, y sólo puede aprenderse mientras avanzamos. No es algo que puedas enseñar, pero puedes enseñar los rudimentos, las leyes. Enseña las leyes y las normas que resultan de ellas –la Ley de Causa y Efecto, la Ley del Renacimiento, la Ley de la Inofensividad, y la Ley del Sacrificio– y habrás enseñado lo esencial de la vida. La vida avanza bajo estas leyes, y cuanto antes las hagamos parte instintiva de nuestra vida, antes tendremos una vida y un mundo razonablemente coordinados y armónicos. Es un mundo lleno actualmente de ansiedad y temor. La naturaleza de la vida debería ser todo lo contrario. Un día, con la ayuda de Maitreya y los Maestros, será así.

Relativamente pronto entrará en el mundo el gran 4º Rayo, el Rayo de la Armonía, la Armonía a través del Conflicto. Conocemos mucho sobre el conflicto, estamos padeciendo el conflicto. El 4º Rayo de Armonía controla el reino humano. Es el rayo rector de la humanidad. Por su naturaleza crea las condiciones necesarias para la rápida evolución humana: conflicto y la armonía como resultado de ese conflicto.

Ese gran rayo siempre está en manifestación en lo que concierne a la humanidad, pero dentro de unos pocos años desde ahora entrará en un ciclo mayor y estimulará toda vida en el planeta en un grado extraordinario. También está entrando el gran 7º Rayo bajo la dispensación Acuariana. Esta combinación de 4 y 7 es única. Es maravillosa. Proporciona todo lo que necesitamos en forma de armonía y estructura.

El Maestro DK ha escrito (a través de Alice Bailey): "los artistas se encuentran en todos los rayos, pero la combinación de 4 y 7 crea el tipo más elevado de artista". Uno puede verlo examinando las estructuras de rayos de algunos de los grandes artistas del pasado. Leonardo da Vinci sólo tenía 4 y 7 excepto por un pequeño 3 al azar que se coló de alguna forma. Uno puede ver el tipo de artista que fue en todos los campos.

Esta combinación de 4 y 7 tendrá un tremendo impacto en la humanidad. El 7º rayo ancla el ideal espiritual. Ancla en el plano físico la energía de síntesis que fluye desde Acuario a través de Maitreya, que la enfocará en el mundo. Esto tendrá un impacto colosal, ya está teniendo un impacto, juntando a las personas. Estas fuerzas cósmicas poderosas están realizando su trabajo y continuarán haciéndolo. Conducirán a la humanidad hacia una síntesis, una unicidad mezclada y fusionada. Las personas conocerán la unidad que están buscando porque la naturaleza de esa unicidad es la unidad. Tendrán un equilibrio verdadero. La combinación de 4 y 7 (si es aproximadamente 50/50) crea el tipo de equilibrio del que he estado hablando en términos de una forma artística.

Todos buscamos el punto medio. Buscamos unidad, equilibrio, cualquiera que sea la forma en que lo definamos. Es aquello que nos permite ser creativos y felices. Permite que la rueda gire una y otra vez, y crea desde sí, y nuevamente desde sí, aquello que es creado. De esa forma la civilización del futuro demostrará cualidades que incluso no podemos comenzar a describir. No tenemos palabras para lo que veremos y conoceremos. No tenemos palabras para la cualidad de esa civilización. No para el sentimiento, la experiencia, de esa relación cuando todas las personas se vean y experimenten como hermanos y hermanas de un hogar, un planeta. Eso llevará a las personas de vuelta a la experiencia de la infancia. Hogar era hogar. Vuestros hermanos y hermanas eran aquellos que te mantenían en el buen sendero. Así será.

Realmente dependeremos unos de otros. Un mundo interdependiente será una realidad. Hoy es una realidad, pero no reconocemos el hecho. En este tiempo venidero, las construcciones, los inventos, los extraordinarios descubrimientos latentes y no obstante sencillamente más allá de nuestro alcance en el momento actual, se convertirán en realidades. Nosotros los liberaremos a través de correctas relaciones, tiempo de ocio, educación, reconocimiento en el mundo por primera vez de que somos almas en encarnación en un viaje de exploración conjunto, creando los artefactos de esa civilización y demostrando que somos Dioses.

Lo que significa realmente es que juntos como un pueblo, un grupo denominado humanidad, daremos expresión a nuestra realidad interna como Dioses. El alma se expresará a sí misma. El Ser, a través de nuestra vida, envolverá a todas las personas. Veremos a todas las personas como el alma. Veremos que sólo existe un Ser, y que todos compartimos identidad con ese Ser. Maitreya está aquí para ayudarnos a ver eso, para enseñarnos cómo convertirnos en aquello que somos.

Acabaré leyendo unos pocos fragmentos de las palabras de Maitreya. Uno podría continuar indefinidamente porque son una mina de verdad tan rica, conocimiento y sabiduría increíbles.

Enseñanzas de Maitreya sobre Conciencia Despierta

Los textos a continuación proceden del libro, *Las Enseñanzas de Maitreya: Las Leyes de la Vida*. Maitreya habla sobre la nueva conciencia despierta.

"La luz, la biblia, la oración para todos y cada uno desde ahora en adelante es la conciencia despierta de que Maitreya está en ti y tú estás en Él. Su enseñanzas vitales están ahora estimulando al mundo y los políticos están silenciosos."

Maitreya es la encarnación del Principio Crístico, la energía del amor. Al despertarse el Principio Crístico allí donde aún no se ha despertado, y se estimula allí donde está despierto, transformará el mundo. En ese sentido Maitreya puede decir: "*Yo estoy en vosotros y con vosotros. Busco expresar aquello que soy a través vuestro. Por eso vengo*". Él dice que eso es la nueva biblia, la nueva luz, la nueva oración para todos y cada uno de ahora en adelante. Reconoce que Maitreya está dentro de ti, que tú estás en Él.

Nada que hagamos pasa inadvertido o desatendido y no tiene respuesta de Él. Cada vibración de amor que enviamos encuentra su respuesta en el corazón de Maitreya. Él es la encarnación del aspecto conciencia de la humanidad. Es a través de la conciencia y del desarrollo de la conciencia despierta que evolucionamos. De esa forma Él estimula nuestra conciencia despierta, nuestra conciencia. Cuanto más conscientes somos de que Él están en nosotros y nosotros en Él, más seguros estamos en nuestro sendero y más podemos dar a aquellos que están a nuestro alrededor.

Él dice, "*Vuestro destino es la libertad. Ninguno nace en pecado. Más bien el Ser está sujeto al condicionamiento durante el proceso de evolución. El proceso de evolución es el Devenir.*"

A través del proceso de evolución, de devenir aquello que ya somos potencialmente, en esencia como el Ser, surge el condicionamiento.

"*Si seguís los tres principios de honestidad de mente, sinceridad de espíritu y desapego, la evolución avanza naturalmente. Vuestra 'segunda' naturaleza es la naturaleza condicionada, pero la práctica de los tres principios os liberará del condicionamiento. Nadie está 'condenado' al condicionamiento.*

"*No te engañes a ti mismo. Respétate.*

"*¿Qué es paz? En la creación, paz significa no condicionamiento. ¿Qué es guerra? Guerra significa condicionamiento.*"

Maitreya dice que muchos instructores espirituales, gurús y santos alcanzan un punto de conciencia despierta y luego se estancan allí. Ellos personifican. Ellos ven esa sabiduría, ese conocimiento, esa experiencia como ellos mismos. No son ellos. Es una experiencia, no ellos personificados. Al personificarlo, ellos pierden la capacidad de seguir evolucionando, de convertirse en los que son en esencia.

"*Esta vez*", dice Maitreya, "*Yo mismo he venido. No se me puede atrapar en ningún ismo.*"

Si enseñas aquello que descubres, creas un ismo –el budismo, el cristianismo, el islam, el judaísmo, el hinduismo. Todos son ismos. Todos fueron creados por hombres eruditos que experimentaron y luego se detuvieron. No fueron más allá de la experiencia de ese conocimiento de lo que ellos denominan divinidad, que es una estructura alrededor de conciencia despierta de la divinidad.

"'Yo mismo he venido. No se me puede atrapar en ningún ismo'. Llegará el momento en que las personas comprendan esto de forma natural sin alboroto porque se sienten libres en su interior. Ésta es la razón por la que Maitreya dice: *'Yo no he venido a crear seguidores'."*

Si seguís a Maitreya en el sentido como seguirías a Mahoma, Jesús o Buddha, estarías creando una coacción en ti. Ya no eres tú mismo. Eres un seguidor. No es interesante ser un seguidor. No se trata de que el cristianismo, el budismo o el hinduismo sea malo o incorrecto, se trata de que no son tú. Si sigues, te pierdes a ti mismo. Tienes que ser lo que eres. El hinduismo, el budismo o el cristianismo podrían ayudarte a llegar a conocerte, pero es el conocimiento de quién eres lo que importa, no ser un seguidor de Buddha, Krishna o Jesús.

Maitreya dice: *"La religión es como una escalera. Puede ayudarte a subir hasta el techo. Pero una vez que estás en el techo ya no la necesitas".* Puedes dar la escalera a otra persona o tirarla. No es correcto seguir a nadie, ni siquiera a Maitreya. Él dice: *"No he venido a crear seguidores".* Él no desea que tú le sigas. Él desea que descubras quién eres y que seas lo que eres. No puedes estar separado de Él porque Él ya sabe quién eres. Él ya está en ti porque Él es la encarnación del aspecto conciencia de la humanidad. Esa es la razón de que Él sea el Cristo. Eso es lo que el Cristo es. Pero seguirle significa negarte a ti mismo al colocar una religión a Su alrededor. Él no está pidiendo que sigas Su religión. Él no está vendiendo una religión.

"No he venido a crear seguidores. Lo que importa es tu Ser, libre de obligaciones, capaz de cumplir tu obligación sin un sentido de carga, sin preocuparte de los elogios o las críticas.

"En el momento que sientes la divinidad en tu interior, comprendes que todo está dentro de ti. La llave maestra está dentro de ti. Si tienes una experiencia directa del Señor, es decir del Todopoderoso, de la Divinidad, ¿importaría entonces si te conviertes en un millonario, un rey o en un mendigo?

"Esta experiencia por sí sola es suficiente para crear equilibrio en mente, espíritu y cuerpo. Esta experiencia nunca puede cambiar. Es eterna. Cuando experimentas al Todopoderoso no creas divisiones.

"Sé lo que eres. No os sigáis el uno al otro."

Le he preguntado a personas, "¿Creéis en esta historia mía?" Algunos dicen, "Bueno, no lo sé. Preferiría preguntarle a algunos de mis amigos lo que piensan". Como si fuesen a obtener algo más de sus amigos sobre lo que digo de lo que estaban recibiendo de mí, en el momento. Yo digo: "¿Cómo ellos os lo van a decir, ellos no saben. Así que cómo esto te podría beneficiar?" Ellos no han pensado en ello, pero sienten que deben preguntar, ver cómo reaccionan sus amigos a ello. Si sus amigos reaccionan bien, positivamente, entonces existe la posibilidad de que ellos hagan lo mismo. ¿Por qué? Porque simplemente están copiando a sus amigos. Es copiar y así es cómo algunas personas piensan, responden a la vida. Ellas Dicen, "¿Cómo lo hacen mis amigos? ¿Qué pinturas les gustan a mis amigos? A mí también me gustan. ¿Qué música le gusta a mis amigos? A mí también. Esa es la razón de que sean mis amigos porque a todos nos gusta la misma música. A todos nos gustan las mismas pinturas, la misma comida."

No tenemos que ser como nuestros amigos. Maitreya dice que no existen dos personas iguales. No puedes hacer una copia de dos personas en el mundo. Cada uno de nosotros somos completamente únicos. Tenemos las mismas necesidades más o menos pero somos diferentes. Cada uno tenemos algo único que dar al mundo.

Nadie puede ser una copia exacta de otro así que, ¿para qué intentarlo? El interés de tus amigos en ti es que tú eres diferente, eres único. Y para Dios, para aquello de donde procedemos, Él se ha tomado la infinita molestia de crear estas chispas todas diferentes. Él las envía abajo a través de todos los planos hasta llegar al plano físico, ¡y luego en barco hasta Norteamérica!

No debemos intentar copiarnos unos a otros. No debemos intentar ser la misma persona. Todos son necesarios para Dios, nada menos, ser exactamente quien eres. Esa es la razón de que Él nos cree bajo todas esas diferentes estructuras de rayos. ¿Por qué todos tenemos todas esas estructuras de rayos diferentes? Porque son necesarias. Estos rayos de almas y mónadas son necesarias para Dios en Sus planes. Él tiene planes, pero Él no los va a llevar a cabo. Nosotros tenemos que hacerlo, porque somos Dios. En esencia somos Dios y tenemos que llevar a cabo los planes del Anciano.

Si nos copiamos unos a otros, no somos nosotros mismos. Él nos ha hecho únicos. Podríamos ser un 'trabajador normal y corriente', pero tenemos una labor que hacer –eso es, convertirnos en un Dios.

"Sé lo que eres. No os sigáis unos a otros. Gradualmente evolucionarás. Ninguna persona es igual a otra. Ninguna persona puede ser copia de otra. Cuando asumes la personalidad de otro estás creando una distancia entre tú y Yo. Cuando eres lo que tú eres comienzas a disfrutar de dicha, serenidad, tranquilidad. Entonces no existe distancia entre nosotros.

"Yo soy el néctar. Yo soy el veneno. Cuando comprendes que no eres mente, espíritu y cuerpo, ni incluso la fuerza vital, eso es inmortalidad. En ese momento puedes hacerte cargo de tu destino. Eres una chispa del Todopoderoso.

"Yo estoy contigo y con todos. Nunca abandono a nadie.

"La verdad tiene muchos rostros, pero el acorde principal está dentro del individuo. Cuando sientes Unidad, cuando hablas, el acorde básico de la verdad canta en el interior.

"Experiméntame. Sé lo que eres. Cuando intentas ser lo que eres, experimentas quién eres, por qué eres.

"Las personas responden. Pero si intentas tergiversar la verdad o hacer dinero de ella, se vuelve tan distorsionada que las personas comienzan a perder interés en ella."

El Arte de Vivir –
Preguntas y Respuestas

Versión editada de la sesión de Preguntas y Respuestas con Benjamin Creme de las Conferencias de Meditación de Transmisión del 2005 celebradas en San Francisco, EEUU y Kerkrade, Holanda.

La Ley del Karma y de la Inofensividad

¿Podría por favor dar algunos ejemplos de cómo podríamos hacer un mejor uso de la Ley del Karma?

La mejor forma es ser inofensivo en cualquier situación. La mayoría de las personas serán inofensivas en una situación y nocivas en otra. Existen muy pocas personas (tienen que ser santas si existen) además de los Maestros que son santos, que son inofensivas en cualquier situación. Debido a nuestros espejismos, nuestro condicionamiento, inevitablemente somos nocivos en algunas situaciones, menos nocivos en otras, quizás para nada nocivos en otras, pero en las suficientes para crear nuestro karma. La respuesta es muy sencilla aunque difícil. Como todo, exige disciplina.

Ser inofensivo en cada situación individual –pensad en el control que uno necesita. El control puede facilitarse por la meditación y por la función positiva y precisa de la voluntad de ser inofensivo en tantas situaciones como podamos reconocer. Seremos nocivos en muchas situaciones y ni incluso reconoceremos el hecho. Estoy seguro de que esto sucede todo el tiempo. Sólo es después que nos damos cuenta de cuán nocivos hemos sido.

Estoy seguro, por ejemplo, de que el Sr. Bush es un cristiano sincero. No obstante mirad el daño que ha causado en Afganistán, en el daño que ha hecho en Irak. El daño que él y los que están a su alrededor están haciendo a la libertad del pueblo norteamericano ahora, pensando en formas y modos de restringir su libertad.

Todos nosotros tenemos la ilusión de que somos inofensivos. Sabemos el límite que no sobrepasaremos, pero hasta ese punto, si es necesario, es aceptable. A menudo somos nocivos, sabiendo que somos nocivos, pero sin comprender la magnitud del daño, y somos capaces, debido a nuestros espejismos, de racionalizarlo en su totalidad.

Siempre me mistifica cómo algunas personas que he conocido, tan versadas en las enseñanzas de Alice Bailey que dan conferencias sobre ello, que me han dicho: "Puedo aceptar todo lo que usted dice sobre la venida de la Jerarquía y de Maitreya, etc., pero lo que no soy capaz de asimilar es esa idea que usted tiene sobre compartir los recursos del mundo". Me asombra. No sé lo que han estado leyendo, o qué han leído sobre lo que dice el Maestro Djwhal Khul sobre el compartir de los recursos. Es uno de los principales temas en *Los Problemas de la Humanidad* (por Alice A. Bailey).

Esto se cree con toda seriedad. "No tenemos demasiado, pero lo que tenemos es nuestro. Hemos trabajado duro toda nuestra vida para lo que tenemos", (¡viviendo en una de las mejores zonas de sur de California, en la costa!) "No veo la razón de que tengamos que compartir lo que tenemos con personas que ni siquiera conocemos". "Podrían tener pelo largo y corte de pelo estilo rastafari". O "¿Por qué ellos (las millones de personas que padecen hambruna en África) no salen de esa situación por sus propios esfuerzos como lo hicimos nosotros?" Así es cómo nos engañamos a nosotros mismos, cómo colocamos este espejismo sobre la realidad que no queremos admitir. Somos capaces de excluirla delicadamente, encontrar alguna racionalización.

Si lo deseas, puedes racionalizarlo todo. Puedes oír al Sr. Blair racionalizar por qué Gran Bretaña fue a la guerra en Irak, por qué es algo de lo que no tiene que disculparse (y de lo que nunca se ha disculpado) aún cuando el 70 por ciento del pueblo británico estaba en contra de ello. El consejo de todas las mejores mentes de Gran Bretaña era contra ello, por no mencionar a los franceses, alemanes y los otros europeos.

Racionalizar es lo más fácil en el mundo. Ciertos rayos, y ciertos tipos de mente, por tanto, tienen facilidad para racionalizar aquello que les incomoda. Es algo incómodo si lo ves. Pero puedes racionalizar sobre ello, esconderlo detrás y 'avanzar hacia el futuro' como lo están haciendo el Sr. Blair y el Sr. Bush. Quieren que olvides sus errores y veas sólo lo que ellos te explican que son las posibilidades futuras. Todos los gobiernos lo hacen. Lo han hecho desde tiempos inmemoriales, y lo seguirán haciendo si se les da la opción. Nos incumbe a nosotros no darles la opción.

Pensaba que la inofensividad era no hacer daño a otras personas, pero tiene que ser mucho más. ¿Podría por favor dar unos ejemplos del mejor uso de la inofensividad?

Es no librar una guerra incluso si lo deseas. Significa no derrocar jefes de gobierno, especialmente si fueron escogidos democráticamente por el pueblo, como lo fue Allende en Chile pero fue derrocado por la CIA. No debes hacer eso. Eso es nocivo. Lo realizan gobiernos que intentan abarcar más de lo que les corresponde, que sobreestiman su poder y, por tanto, el derecho de hacer lo que les plazca. Desean mantener las esferas de influencia libres de comunismo o de cualquier cosa desagradable que puedan imaginar, y así controlan todo el terreno a su alrededor. Todas las grandes potencias dominantes hacen lo mismo. Quieren un área a su alrededor que les haga sentirse seguras. Controlan las economías de las naciones que les rodean. EEUU ve a Canadá, México, Brasil y todas las demás naciones Latinoamericanas bajo esa luz. Si surge un líder que tiene tendencias socialistas, el gobierno de EEUU en seguida encarga a la CIA que haga la tarea sucia que no está dispuesta que sea pública. Eso es lo que sucede a niveles gubernamentales en todo el mundo. Son fascistas, en mayor o menor grado.

El mejor uso de la inofensividad es hacer lo contrario de eso, construir lazos, compartir recursos, y trabajar cooperando con otras naciones. La cooperación es inofensividad. La falta de cooperación, que es competencia, es en su misma naturaleza nociva. No obstante todo joven norteamericano es educado para creer que la competencia es la fuente de la vida misma. Es nocivo y degradante para el espíritu humano. Es corruptivo y divisivo, y por tanto, lo opuesto a la inofensividad, incurriendo así en la Ley del Karma.

El karma de algunos de los líderes no se olvidará –el Sr. Bush y el Sr. Blair y todos los tiranos a lo largo de las eras incluyendo a Saddam Hussein. Son tiranos de una forma u de otra. Buscan poder y abusan de él.

Jesús dijo "Lo que siembras, cosecharás", hablando de la Ley del Karma. ¿Cómo podemos ayudarnos a nosotros y a otros a ver el funcionamiento de esa ley en nuestras vidas? Por ejemplo, ¿Por qué George Bush no ha cosechado su propio karma?

Eres impaciente. ¡Está llegando, créeme!

Pongamos un ejemplo. Digamos, "Norteamérica va a la guerra entonces hay inundaciones, huracanes, tornados y una climatología increíble, 65ºC a la sombra en Norteamérica durante semanas. Hay sequía. La gente muere a cientos por el calor. Eso es la Ley del Karma".

Leed el nuevo libro, *Las Leyes de la Vida*, de Maitreya. Él utiliza muchos ejemplos que muestran las acciones de naciones en el mundo y las repercusiones que ni tan siquiera vemos –los terremotos, los tornados, las inundaciones, las erupciones volcánicas, los accidentes aéreos, los accidentes ferroviarios, todos ellos inducidos kármicamente por el desequilibrio que hemos creado.

Siempre que violes la Ley del Karma estarás perturbando el equilibrio del mundo en cierta medida. Dependiendo del tamaño de la acción, las repercusiones pueden ser triviales o enormes. Con acciones como un ataque contra Irak, las repercusiones son enormes. Cuando millones de personas tienen el mismo pensamiento nocivo, y se lleva a cabo, el efecto kármico es también enorme.

Cuando insultas a alguien, le llamas mentiroso, tramposo, etc., son pequeñas violaciones de la ley kármica.

¿Qué es lo más importante para evitar mal karma?

Si obedecemos las leyes, trabajamos y vivimos dentro de las leyes, si obedecemos la ley de la inofensividad, automáticamente trabajamos con la benefactora Ley del Karma. No creamos mal karma porque somos inofensivos.

Los Maestros no crean ningún karma personal porque Ellos son absolutamente inofensivos. Ellos tienen que trabajar dentro de la Ley del Karma en lo que afecta al mundo, nuestro karma, pero no pueden crear mal karma Ellos mismos. Eso es a lo que tenemos que aspirar, y es cómo controlamos nuestro karma. Es una ley pero puedes trabajar con la ley o contra la ley. Puedes ser legal o ilegal. Si eres ilegal, sufres, creas mal karma. Te sitúas en la prisión de tu mente y corazón.

Resolución de conflicto

¿Cómo podemos resolver conflictos de forma inofensiva?

No existe sólo una manera de resolver conflictos inofensivamente. Existe una forma que si se lleva a cabo al final funcionará y, de la forma más inofensiva, resolverá en la mayor medida los conflictos y es aceptar que necesitas dar para recibir.

Si tienes a dos personas, y tienes un conflicto que os afecta a ambos, digamos que un conflicto por tierra, agua o petróleo, por ejemplo, ¿cómo lo harías? Te reúnes con la otra parte y buscas un compromiso, algo que satisfaga a ambos. No es todo lo que tú, desde tu posición, esperarías obtener pero, haciendo algo de concesiones, no exigiendo todo el 100 por ciento de tus derechos, y tus oponentes también enfocándolo de la misma forma inofensiva, sacrificando también algo de sus derechos, alcanzas un compromiso.

Utilizando sabiduría, sabio compromiso, alcanzas un acuerdo aceptable y así mantienes la paz y detienes el conflicto sin daño adicional.

¿Cómo se relaciona el elemento tiempo con la inofensividad?

Es como los israelíes y los palestinos, te reúnes interminablemente durante años y los palestinos se comprometen en algo y los israelíes dicen, "No, no es aceptable". Entonces los israelíes ofrecen un compromiso pequeño, minúsculo, algo casi sin sentido en la práctica y, por supuesto, los palestinos lo rechazan en el acto. Y entonces los israelíes dicen, "Veis, ellos no aceptan lo que les ofrecemos". Y así la lucha continúa. Lo tienes que hacer de verdad. Tienes que ser honesto en lo que haces. En primer lugar, debes desear el objetivo.

En la situación palestina/israelí, los israelíes obviamente no desean la paz. Ellos desean la paz, pero no a expensas de renunciar a Cisjordania. Maitreya negoció con el Rey de Jordania Cisjordania para los palestinos en abril de 1991, en una Conferencia de líderes de todos los campos organizada por Maitreya en Londres. Maitreya preguntó al Rey Hussein si estaría dispuesto a renunciar a la soberanía de Cisjordania, que había estado en manos israelíes desde 1967 en la Guerra de los Seis Días. El Rey Hussein estuvo de acuerdo con la condición de que se convirtiera en la tierra natal del pueblo palestino. Los israelíes nunca tuvieron ninguna intención de renunciar a toda Cisjordania. Y existen israelíes, no todos los israelíes, pero una gran minoría, que han jurado que nunca renunciarían a Cisjordania, la tierra de Canaán que, en lo que a ellos concierne, les fue otorgada por Dios hace miles de años. Los palestinos, por su parte, tienen una minoría que ha jurado resistirse a la presencia de Israel en la tierra que ha sido suya durante siglos. Y así tenemos fanáticos en ambos bandos que nunca se darán por vencidos, y tienes que buscar un compromiso que logre una paz justa. Personalmente, pienso que sólo Maitreya puede poner fin a la situación israelí/palestina con un compromiso aceptable en el cual los palestinos acepten la existencia de Israel, y los israelíes acepten el derecho de los palestinos a Cisjordania y a un estado independiente justo y viable.

¿Cómo se relaciona el factor tiempo? En la situación palestina/israelí puedes ver cuán importante es el tiempo. Se alarga sin resolución. Cambia su foco. Personas, como el presidente Arafat, muere; el Rey de Jordania muere y eso cambia la situación. Los israelíes y los norteamericanos piensan que pueden aprovecharse de la situación porque han marginado al Sr. Arafat. Los palestinos ya no tienen un líder, y así se pensó que estarían más dispuestos a aceptar la injusticia que se les ha ofrecido hasta la fecha. Hasta que no haya un compromiso aceptable y *justo*, no habrá fin a la lucha allí.

Así que el factor tiempo es significativo, normalmente lo es. Todo lo que sucede en la tierra ya ha tenido lugar en los planos superiores. Sucede fuera del tiempo, desde nuestro punto de vista podría haberlo hecho años atrás. Desde el punto de vista de la eternidad en la cual trabajan los Maestros no es el caso de 'hace muchos años' o 'dentro de muchos años'. Es ahora, porque en Su experiencia, sólo existe el ahora. No hay futuro ni pasado. Esto es vida ahora en este mismo instante. Pero precipitarse en el plano físico lleva 'tiempo', en ese sentido relativo del tiempo que utilizamos desde nuestra conciencia del plano físico. Cuando tenemos que tomar un avión, vamos al aeropuerto dos horas antes para hacerlo. Si no lo hiciéramos, si sencillamente nos apareciéramos, "percibo que ha llegado el momento", el avión se habría marchado. Nos quedaríamos en tierra, saludando.

Necesitamos este orden de tiempo en el plano físico porque se ha precipitado al final en el plano físico y es un suceso. Si creamos relaciones dependiendo en estos sucesos en tiempo, entonces por supuesto, el tiempo está involucrado y debemos tenerlo en cuenta. Y como dijo Shakespeare, "Hay un flujo y reflujo en los asuntos de los hombres, que, si se toma en la pleamar…" Obtienes lo que se acumula fuera del tiempo, listo para suceder. El acontecimiento es la precipitación en el plano físico del resultado de los pensamientos ya registrados en los planos superiores. Estos son planes, pensamientos y construcciones de las mentes de los hombres, y hasta cierto punto de Maestros de un nivel muy superior o de la Voluntad del Logos de nuestro planeta. Así que son el resultado del karma, los resultados de los acontecimientos que hemos puesto en marcha a través de nuestras acciones y pensamientos anteriores, que podrían ser buenos o malos.

Los Maestros dicen que creamos más karma bueno que karma malo. Sé que no parece así, pero es lo que se dice. Cuando los pensamientos y planes se precipitan, lo denominamos un suceso, un acontecimiento, un tsunami, o un huracán que invade nuestra costa y causa devastación y muerte. Todo ellos se pone en marcha en los planos superiores por las acciones de los elementales dévicos que están a cargo de las fuerzas de la naturaleza. Ellos regulan el clima, etc. Están respondiendo al trastorno, a las tensiones creadas por los hombres.

¿Qué podemos hacer como individuos para resolver el conflicto entre más control desde arriba y la necesidad de ocio?

Por "arriba", ¿supongo que se refiere al director de la oficina, a su jefe, y la necesidad de ocio? Tenéis que resolverlo vosotros mismos. Debéis cambiar el gobierno. Debéis comenzar con vuestro grupo pequeño de dictadores en potencia que gobiernan vuestros países individuales. Las personas de todas partes tienen que proclamar su necesidad de ocio.

¿Cómo puedo ser inofensivo dentro de mi propio conflicto?

Es más difícil si uno piensa en uno mismo como lleno de conflicto. Y, por supuesto, todos estamos involucrados en conflicto. Y no puedes ser inofensivo en un estado de conflicto. Es precisamente en un estado de conflicto en el que creamos acciones que son nocivas.

Si no estamos en conflicto, estamos en armonía. Si estamos en armonía, no hacemos daño porque la armonía produce ese estado de relajación interior y falta de conflicto que no crea acciones incorrectas. Tan pronto como estamos en conflicto, crece el potencial dañino, inevitablemente.

"¿Así que: cómo puedo ser inofensivo dentro de mi propio conflicto?" Bueno, no puedes, excepto si resuelves el conflicto. No puedes abordar el daño hasta que no seas capaz de abordar el conflicto. Si abordas el conflicto en ti mismo y en lugar de conflicto produces armonía, entonces verás que el daño cesa. Paras de ser nocivo.

Inofensividad y nocividad

¿Podría decir más sobre inofensividad y nocividad? Por ejemplo, ¿cómo practicamos inofensividad? ¿Tiene que ver con la intención?

Practica inofensividad. La mejor forma es practicar desapego. Cuanto más desapegado estés, más inofensivo serás.

Los Maestros dicen que la Ley del Karma es una ley benefactora y generalmente tenemos más buen karma que mal karma. Algunas personas encuentran eso difícil de creer, pero eso podría ser solo autocompasión. Así que practica.

"¿Tiene que ver con la intención?" Por supuesto, tiene que ver con la intención.

Cuando nos sorprendemos teniendo un pensamiento nocivo, ¿cuál es la mejor manera de cambiarlo? Algunas personas cancelan el pensamiento. Algunos lo envuelven en la luz para ser transformado. ¿Cómo puede cambiarse para que sea inofensivo?

No lo digas. Si te sorprendes teniendo un pensamiento nocivo, retráelo. Di, "Oh, no ¡Deslízate allí!" Vuelve a sincronizar tu mente y eleva tu atención. Si llevas la atención al centro ajna, no tendrás un pensamiento nocivo. Todos tus pensamientos nocivos proceden del plexo solar. ¿Quién no ha tenido un pensamiento nocivo? Los pensamientos nocivos pasan por nuestras mentes todo el tiempo.

Simplemente los retraemos. Di, "Bueno, lo he vuelto a hacer. Debo estar atento". No existe un método fácil. Si lo habría, todos seríamos inofensivos. La verdadera respuesta es estar desapegado.

¿Puede el verdadero perdón anular parte del daño?

El verdadero perdón obra maravillas, ¿pero quién deber dar el perdón? Si causas daño a otra personas y, por supuesto, ellas son conscientes de ello, lo sienten, y saben quién causó el daño, y te perdonan por tu acción, ellos mitigan la acción del karma en el grado en que perdonen verdaderamente. Si el perdón es total, si están tan desapegados que pueden perdonar completa, sincera y profundamente todo el daño hecho contra ellos –y es bastante difícil para cualquier ser humano por debajo de cierto grado hacer eso– entonces *ellos* eliminan el karma involucrado en tu acción nociva. Y, por supuesto, puedes hacer lo mismo en una situación similar en el grado en que estés desapegado. En el grado en el que el desapego te permita perdonar entonces mitiga el karma en cuestión.

Si es total, como el perdón de Jesús, por ejemplo, que era un iniciado de 4° grado en ese momento, es total. Como Él dijo en la cruz, "Perdónales Padre, porque no saben lo que hacen". Eso viniendo de Él y de Su desapego es total.

Pero si una persona dice, "Bueno, está bien. Olvídalo. Te perdono, tú tal y cual, entonces el karma sólo es eliminado parcialmente, y es difícil para las personas perdonar totalmente porque es difícil para las personas ser totalmente desapegadas.

Tenemos que estar desapegados para poder perdonar. Si estamos lo suficientemente desapegados, entonces podemos perdonar y ser indemnes al daño, y por tanto, puede mitigar el karma relacionado con la persona nociva.

La Ley del Sacrificio

¿Podría explicar la conexión entre la Ley de la Inofensividad y la Ley del Sacrificio?

Vivimos en un universo energético, todos vibramos. El proceso de la vida es un proceso por el cual los vehículos, físico, astral, mental, gradualmente cambian su naturaleza. Es muy práctico.

Si deseas vivir en una esfera superior, es decir, en una esfera en la cual tu mente puede sintonizar con un nivel superior de significado y propósito de nuestra existencia en el mundo, entonces tienes que tener vehículos que permitan que eso tenga lugar. No puedes traer al vehículo mental aquello para lo que no está sintonizado para comprender. Así que tiene que estar vibrando a niveles más sutiles, tú refinas los vehículos. Refinas el vehículo físico con todo tipo de formas que las personas denominan autosacrificio: dieta, ayuno, ejercicio. Podrían caminar o correr, o podrían montar en una bicicleta, incluso si la bicicleta no se mueve. No van a ningún sitio, pero aún y así están pedaleando. Tienen calor, sudan y se elevan físicamente. Se refinan. Hacen esto cada día durante 10 años o la mitad de sus vidas y gradualmente refinan el cuerpo físico.

Entonces a través de la vida refinan el cuerpo astral/emocional y luego, con el tiempo, el cuerpo mental. Cada uno de ellos pasa a través de un proceso de refinamiento, y eso permite a los vehículos atraer hacia sí cada vez más luz, más materia de naturaleza subatómica, y eso transforma a la persona. Allí es donde entra el sacrificio. Tienen que dejar atrás esa materia y continuar.

¿Existe alguna relación entre el sacrificio de una persona y la Ley del Sacrificio subyacente?

Estoy hablando sobre sacrificio oculto, no que se te pida que transportes una bomba y te hagas volar con ella, lo que no es un sacrificio oculto, sino que me refiero a la Ley del Sacrificio en el sentido oculto, la renunciación de lo inferior por lo superior. Entonces, por supuesto, existe una relación directa.

El cambio personal, individual que provoca la acción de la Ley del Sacrificio, y el cambio que tiene lugar como resultado de ello, tienen que ver con la Ley del Sacrificio. Te cambian.

La Ley del Sacrificio es una acción desde un punto de vista oculto. Te estás cambiando a ti mismo. No vuelves allí donde estabas. Eso es el pasado, y estás cambiando el pasado por el futuro. Te estás cambiando de lo que eras a lo que eres potencialmente. Así que cada acto de sacrificio bajo la Ley del Sacrificio está cambiando el tú potencial por el tú real. Tú eres tú, pero en potencia. A través de la acción sobre ti mismo, invocas la Ley del Sacrificio.

La Ley del Sacrificio asegura que renuncias al pasado y al hacerlo, puedes lograr los resultados del sacrificio que son invocados por la necesidad de avanzar. Es la ley de la evolución que te impulsa hacia adelante. Tu aspiración actúa a través de la ley de la evolución que suscita en ti el sacrificio necesario para alcanzar un estado superior.

Esa aspiración es la ley de la evolución. La experimentamos como aspiración. Así que creamos y con el tiempo, cultivamos las cualidades que atraemos de la aspiración, las cualidades que provocan la aspiración.

¿Podría explicar más sobre la Ley del Sacrificio? ¿Cómo funciona?

Cuando una persona crece, la aspiración le impulsa cada vez más alto y cuando lo superior es alcanzable, descubres que sólo lo es a través del sacrificio.

Tienes que sacrificar aquello que ya no necesitas incluso si lo has necesitado durante toda tu vida hasta ese punto. Ya no te es de utilidad en el estado vibratorio más elevado en el que ahora te encuentras. Si sacrificas lo inferior, sacrificas el estado vibratorio inferior por el estado vibratorio superior.

Cada vez que tu vida vibratoria mejora y te elevas un punto en vibración, atraes a tus cuerpos, físico, astral y mental, energía subatómica, que es luz, así que los cuerpos se transforman gradualmente. No puedes mantener la materia vibratoria inferior que ahora se está convirtiendo en luz. No puedes tener la vibración inferior coexistiendo con la vibración superior.

Es realmente tan simple. Obedece a una ley natural. No hay nada místico en ello. Si haces algo que te lleva a un nivel superior, estás cambiando el ritmo vibratorio, por tanto, no puedes quedarte con aquello que aún vibra a un ritmo inferior. Tienes que renunciar a ello, sacrificarlo.

Si haces un cambio en la naturaleza vibratoria de tus vehículos, sólo puedes hacerlo librándote del ritmo vibratorio inferior que había antes. Así que la materia inferior tiene que regresar a la materia del universo, la vida del planeta en el que vivimos. No te lo puedes llevar contigo.

¿Podría hablar sobre la relación entre la voluntad y la Ley del Sacrificio, y la importancia de implementar la voluntad en el arte de vivir?

No puedes llevar a cabo la Ley del Sacrificio sin la voluntad. Debe haber una sumisión voluntaria de lo inferior por lo superior. No se trata de autosacrificio. Algunos rayos, el 6º Rayo en particular, tienen la función del autosacrificio como un aspecto principal de su cualidad a nivel del alma. Eso está detrás del tremendo sacrificio de Jesús. Pero el sacrificio como un principio en el arte de vivir es en realidad el reconocimiento del sacrificio como una parte intrínseca del sendero de la evolución. No puedes evolucionar por el sendero evolutivo sin sacrificio, sin tener la voluntad de renunciar a lo inferior por lo superior.

No siempre implica un esfuerzo de voluntad consciente, pero siempre es un proceso de voluntad. Pero la voluntad no entra en el proceso firmemente hasta que se toma la tercera iniciación. Entonces la voluntad toma un papel muy poderoso en el subsiguiente avance del discípulo. Pero hasta ese punto, la capacidad de sacrificio es la capacidad de renunciar a lo inferior –aquello que es menos valioso y debe trascenderse– por aquello que aún deber realizarse. Eso debería ser una parte natural del arte de vivir.

Puede haber un deseo de sacrificio. El deseo de sacrificio inevitablemente trae los beneficios, las bendiciones, de los Maestros y de la misma Deidad. El instinto de sacrificio es el instinto inconsciente de hacer eso, de dejar morir aquello que está desapareciendo, de renunciar a ello.

Muy a menudo nos aferramos a algo que ya no necesitamos. No forma parte realmente de nuestro equipamiento. Lo hemos hecho, hemos pasado por ello, y nunca deberíamos aferrarnos a ello y personificarlo. Si nos aferramos a ello, lo personificamos. Lo hacemos nuestro. Pensamos: "¡Lo he logrado!" Si lo haces, no haces ningún progreso adicional. Si haces eso con Maitreya, debilitas la vida de Maitreya en ti. No debes, y Él no será, personificado. Esa es la razón por la que Él no desea seguidores. Si le personificas, le conviertes en el líder de una religión. Él no lo es y no tiene intención de serlo. Él tiene un papel a desempeñar. Él es un iniciador, un instructor, pero no será personificado.

Si te haces eso, si realizas un avance hasta cierto tiempo, tienes que estar preparado para renunciar a aquello que has logrado porque ya es parte de ti. Muchas personas personifican. Dicen, "He logrado eso, y he hecho aquello. Pienso que me acerco a tal y tal iniciación". Es un espejismo. Lo que realmente estás haciendo es condicionarte al personificarte. No debes medirlo. No debes personificar. Es sencillamente un área de actividad que has alcanzado, a la que te entregas, aprendes de ello, renuncias, y sigues elevándote más y más.

En el proceso evolutivo vas de la conciencia del plano físico a la conciencia del alma. Ese es el viaje. Si tienes conciencia astral, la conciencia del plano físico cae por debajo de nivel del pensamiento. Se vuelve subconsciente, instintivo. No continuamos siendo conscientes del plano físico. Lo hacemos automáticamente. Decimos automáticamente, pero es subliminal. Es subconsciente. La actividad astral debe estar por debajo del nivel del pensamiento, pero impulsa y estimula nuestras acciones. No tiene nada que ver con eso. Esa no es la función del plano astral.

El plano astral debe realmente ser un espejo sereno y tranquilo, como un estanque. En ese estanque, la conciencia de buddhi, que es la conciencia del alma, debe reflejarse como intuición. ¿Pero cuántos cuerpos astrales de personas son el reflejo de buddhi?

Podemos saber cualquier cosa desde la intuición, pero sólo si la intuición puede contactarse. Tan pronto como le pones nombre a cualquier cosa lograda, tan pronto como te identificas con ese logro y te aferras al mismo, lo personificas. Así se parece la personificación. Tenemos que ir más allá de ello hacia un nivel superior, desde la conciencia física a la conciencia astral a la conciencia mental a la conciencia espiritual. Eso es una progresión, y la tenemos que hacer. Esa es la única forma que podemos avanzar.

Allí es donde entra el sacrificio. No es el sacrificio del yo por el planeta. Es un sacrificio del alma por el planeta en el que se encarna y toma estos vehículos. Pero los vehículos en el viaje de retorno deben sacrificarse uno a uno. La conciencia del plano físico tiene que sacrificarse. No se marcha. Sencillamente no debe ser tu principal logro. De igual forma, el astral, el mental y tres niveles de lo espiritual. Los que están debajo tienen que ser sustituidos, de otra forma no hay progreso si te aferras a cada paso del sendero. Maitreya cita a ciertos gurús, santos, hombres sagrados que han alcanzado un cierto nivel y luego lo personifican y permanecen en ese nivel. Se identifican con sus experiencias, logros y lo personifican, pensando que ahora están iluminados.

Existe un antiguo condicionamiento que considera al sufrimiento como sacrificio. A través de la tradición religiosa se nos ha hecho creer que cuanto más sufrimos, más nos sacrificamos y viceversa. Si bien el Arte de Vivir implica dolor a veces, el sacrificio de lo inferior por lo superior implica alegría del alma.

Esto es cierto. Existe una larga y duradera tradición religiosa especialmente en las religiones devocionales como el cristianismo y el islam que equiparan el sacrificio con el fin del sufrimiento. Pero implica sufrimiento. Eso implica sufrimiento como el sacrificio final, que cuanto más sufrimos, más sacrificamos.

Subyacente a las actitudes devocionales del cristianismo y el islam está la idea del sacrificio. Confunden el papel del sacrificio, de la Ley del Sacrificio. Pero poseen una noción de ello, se le ve como el método por excelencia de superación del ego. Han reconocido que el ego debe superarse e ir más allá del ego y estar totalmente desapegado. La forma de hacerlo es sufriendo, que tiene dos papeles en la tradición cristiana. Uno es acercarse a Jesús porque Él sufrió tanto por los golpes de la flagelación que se utilizaron sobre Él antes de la crucifixión. Haciendo igual en uno mismo, la idea es que uno reconoce, aprecia, se acerca, si la mente y el corazón están alineados en esto, al sufrimiento de Jesús. No cabe duda que ese puede ser un camino, un modo de procedimiento, para ciertas personas religiosas.

Han reconocido que la cualidad inherente en el 6º rayo a nivel del alma (y tanto el cristianismo como el islam son religiones del 6º rayo) es la realidad del sacrificio. Es como si hubiesen reconocido el significado esotérico del 6º rayo instintivamente, intuitivamente, a través del sacrificio de Jesús. Él demostró el sacrificio supremo para ilustrar esa experiencia, y muchos han seguido un camino similar y han alcanzado la Maestría a través del mismo espíritu de autosacrificio.

Es sacrificar el hombre inferior por el hombre superior todo el tiempo. Está escrito grande en las cualidades del alma de Sexto Rayo, el método por excelencia en el sendero del sacrificio. Eso no significa que todo en el plano físico que es difícil, desagradable, pestilente, molesto y agotador de hacer debe asumirse por parte del devoto. Pero existen aquellos en ese sendero que son sometidos precisamente a las peores condiciones posibles para superar el ego. Todo básicamente trata de la superación del ego y abordar la realidad del alma. De eso trata el sacrificio.

Hablo como un esoterista y lo expreso de una forma diferente, la superación de lo inferior por lo superior. El sendero inferior, el sendero del hombre, la realidad de su cuerpo físico, su cuerpo astral/emocional, su cuerpo mental. El alma no los tiene. Esa es la razón por la que el hombre los tiene. Los tenemos para permitir al alma utilizarlos, ver la realidad del plano físico, que es el proceso del condicionamiento.

Los discípulos, aquellos que se están disciplinando, tienen que realizar su viaje de retorno y sacrificar su experiencia en los planos físico, astral/ emocional y mental para poder alcanzar la síntesis espiritual del alma. Esa es la razón por la que el sacrificio es un sendero.

Esto puede ser espejismo o ilusión individual, en parte, pero no obstante tanto en el cristianismo como en el islam es básico el concepto de sacrificio en el nivel más elevado de su significado. Por supuesto, actualmente el islam lo distorsiona. Aquellos imanes y aquellos que harían que los jóvenes se conviertan en 'mártires', que entrenan a los jóvenes para que se sacrifiquen para 'morir' y obtener algún dinero extra para sus familias pobres. Entonces son capaces de hacerse volar por los aires. Ese es el sacrificio final, pero no les convierte en algo diferente de lo que eran antes.

Si estaban condicionados y llenos de ilusión que yo creo que en mayoría lo estaban, entonces seguirán así, y vuelven a encarnarse en el mismo punto en que estaban. Así que hicieron ese sacrificio final para nada, sencillamente para llevar a cabo los planes de algún grupo fanático.

Hay, por tanto, sufrimiento que es inútil. Uno de los papeles de Maitreya es precisamente liberar a la humanidad del sufrimiento innecesario. Todos nos permitimos sufrir innecesariamente porque nos tomamos el plano astral como algo real. Nos tomamos nuestra vida astral como nuestra vida real. Nos tomamos nuestro condicionamiento como una condición normal. Nada de eso es cierto. Es un sufrimiento innecesario, al que nos sometemos y es lo opuesto a la libertad. Los grupos religiosos, también, han proporcionado a la humanidad un enorme peso de culpa innecesaria. Existe un núcleo en la tradición cristiana e islámica en el cual el sufrimiento correctamente se considera como un medio, como un sendero, y que en el sufrimiento te relacionas más correctamente con otras personas.

Lo incorrecto con la mayoría de líderes políticos en Occidente actualmente es que tan a menudo nunca hayan conocido lo que es la falta de algo. Normalmente son de clase media, fueron a colegios y universidades privados y se convirtieron en abogados u hombres de negocios. Viven en un lujo relativo y no poseen conocimiento real, experiencia sólida, de la vida de los pobres del mundo, y de los pobres incluso de su propio país. Y así hacen leyes que se relacionan mal con las necesidades de su pueblo.

Si sufres comienzas a comprender el sufrimiento. Si has sufrido, esto abre el corazón. Abre la mente a la experiencia de la mayoría de personas en el mundo. Te proporciona la experiencia que necesitas para relacionarte correctamente con cualquier persona.

La realidad del Cristo es que Él ha experimentado toda condición humana, y así Él puede relacionarse con cada ser humano. No puedes relacionarte con aquello que no has experimentado. Esa es la razón por la que es necesario que las personas viajen mucho y experimenten a personas diferentes, de diferente color, tradición, idioma, conceptos mentales, para experimentar al otro, aquello que no es tu experiencia habitual. En ese sentido, el sufrimiento te permite ser más humano de lo que sería de otra forma.

Condicionamiento

¿Cómo transformamos el condicionamiento de la vida cotidiana en nuestro intento personal hacia el arte de vivir?

Resolviendo los conflictos que impiden la creación de desapego. O bien estamos apegados o libres. Es uno o lo otro. El condicionamiento es esclavitud, la falta de libertad. La libertad es un estado dado. El condicionamiento convierte ese estado en esclavitud. Estamos apegados a un estado de conflicto. Supera el conflicto y de pronto estamos en armonía. Entonces descubrimos que hay otro conflicto. Profundizamos. Esto no sucede en un día.

No hay nada que pueda deciros de una forma significativa que pueda hacer algo por vosotros en los próximos cinco minutos y os libere. Nada que sea duradero en la condición humana sucede así.

El profundo condicionamiento de uno mismo es un proceso largo, así que tienes que trabajar en ti mismo para descondicionarte. La vida misma provoca condicionamiento. Somos seres humanos y no estaríamos en el planeta Tierra si ese no fuese el caso. Si estuviésemos digamos en Venus o Mercurio, y fuéramos iniciados de 8º grado, entonces no tendría sentido hablar sobre condicionamiento.

Nos condicionamos unos a otros, a nuestros hijos, y así sucesivamente. Todo forma parte de la vida como la vivimos. El descondicionamiento te libera del condicionamiento y, por tanto, de los apegos. Es un proceso. No puedes decir: "Seré desapegado" de un momento a otro. No es así. Cuanto más trabajas en ti mismo, más crece el desapego.

Sacrificas tu necesidad por el apego. Necesitamos el apego porque necesitamos nuestro condicionamiento. Nos satisface desde un punto de vista astral/emocional. Esa es la razón que tengamos que superar los apegos del plano astral. Primero del físico, luego del astral, luego del plano mental, hasta que estemos descondicionados en los tres niveles. Descondicionamiento significa cada vez menos apegado. Todos estos son apegos surgidos de las experiencias.

No creo que nadie en el mundo esté ya polarizado en el plano físico. La mayoría de la humanidad está polarizada en el plano astral. Eso significa que ésta es su morada de la conciencia. Los apegos formados por su foco en el plano astral a través de la identificación con sus emociones (que tomamos como reales pero que son bastante irreales como los sueños) nos condicionan. Las experiencias del plano astral son irreales. No son más que formas pensamiento.

Si apegamos una emoción a la forma pensamiento, estamos apegados a eso. Desencadena cada vez algo que nos hace recordar esa experiencia. Desencadena la misma reacción, y así forma el apego. El condicionamiento es otra denominación de apego.

Hacemos lo mismo en el plano mental. Es mucho más difícil verlo en el plano mental porque el apego para la mayoría de personas es emocional. Eso se denomina espejismo o ilusión, pero hasta que vemos la ilusión, nos hacemos conscientes de ella, no podemos descondicionarnos.

Estar apegados, estar condicionados, es lo mismo. Forma parte de la irrealidad que denominamos vida. Pero es una irrealidad que debemos experimentar porque así es cómo crecemos en conciencia despierta. Si, no obstante, la conciencia despierta se limita al plano astral entonces vivimos ese espejismo, esa ilusión, sobre la naturaleza de la vida. La naturaleza de la vida es mucho más distinta en realidad de lo que percibe la mayoría de las personas porque se percibe como si todo tuviera lugar en el plano astral. Cada experiencia es envuelta con materia astral, las formas pensamiento que nos atan al plano astral. Creamos el plano astral con nuestras formas pensamiento.

¿Cómo transformamos el condicionamiento?

Con la disciplina del descondicionamiento de uno mismo, por el proceso, la disciplina, de estar cada vez más desapegados. Esto es difícil de hacer porque necesita disciplina pero en esencia es simple. Por tanto debes practicar las tres normas que da Maitreya:

Honestidad de mente, pensar en línea recta. Él dice que la mayoría de personas piensan una cosa, dicen otra cosa y hacen otra cosa diferente.

Lo que pensamos, lo que decimos y lo que hacemos, todo es diferente. No existe honestidad de mente.

Sinceridad de espíritu: nos copiamos unos a otros y nos condicionamos al copiarnos. El condicionamiento es copiarse al no ser tú mismo. Si no eres tú mismo, entonces tienes que ser alguna otra cosa. Tienes que ser algo en cualquier momento dado, y si no eres tú mismo es algo que en parte es el no-ser. Así que a menudo somos el no-ser.

Ocasionalmente, bajo ciertas circunstancias, somos sinceros en nuestros corazones, en nuestra mente y actuamos de esa forma, hablamos de corazón a corazón. Pero la mayoría de las personas en la mayoría de sus acciones se relacionan con otras personas para impresionarlas, para crear una visión en la mente de sus acompañantes que les sea favorable.

Desempeñamos un papel porque creemos que eso impresionará. "Ellos pensarán muy favorablemente de mí". "Ellos pensarán que soy muy inteligente y muy seguro de mí mismo. Por supuesto, yo sé que no estoy seguro de mí mismo, pero ellos pensarán que lo soy si hablo con voz firme y me acerco a ellos resuelta y enérgicamente y no tan tímidamente. Si soy extrovertido y gesticulo mucho creerán que me encuentro como en casa en el mundo. Puedo controlar el mundo. *Yo* sé que no puedo controlar el mundo. Tengo miedo del mundo, pero si doy la impresión de que tengo el control de todo, me respetarán, les agradaré. Me harán su amigo, y entonces me sentiré feliz. Me sentiré seguro. Y si hago eso con todos, tendré muchos amigos. Y si tengo muchos amigos, seré realmente feliz."

Esa es la insinceridad en la que viven muchas personas. ¿No estoy en lo cierto? Piensa en ti mismo. ¿No es ese el caso? ¿Cuántas personas son real, total y completamente ellas mismas? Un niño con sus padres, sí, porque el niño aún no está condicionado. Un niño joven con sus padres es absolutamente honesto hasta que se corrompe. Entonces, por supuesto, actúa y dice, "Sé que si mantengo esto conseguiré lo que deseo. Lo puedes apostar." Y así llorarán y llorarán y llorarán. La corrupción se asienta bastante pronto, pero al principio el niño es completamente honesto. Llora cuando le duele o tiene hambre o está cansado y sonríe todo el resto del tiempo.

Desapego: ¿cuántas personas están desapegadas? Bueno, preguntaos a vosotros mismos cuán desapegados os sentís. ¿Cuán libres estáis de la necesidad de otras personas? ¿Cuán libres estáis de la necesidad de elogio constante, de constante agradecimiento? Así que cualquier cosa que hagáis, por más pequeña que sea, os lo agradecen, y cuánto necesitáis ese agradecimiento. ¡Esa pizca de elogio! Te mantiene en marcha. Construye tu ego. ¿Cómo puedes decir que estás desapegado si esto tiene lugar todo el tiempo?

Busca aquello que muestra lo poco desapegado que eres. ¿Si alguien te alaba, eso te afecta en algo? Generalmente, creo que veréis que lo hace. Si estás desapegado, no debería afectarte para nada si las personas están a tu favor o en tu contra, alabándote o criticándote duramente. No debería afectarte si estás realmente desapegado. Y si estás realmente desapegado, no estás condicionado.

Todos sufrimos del condicionamiento que se instaura cuando somos niños. Los bebés no están condicionados, pero en unos pocos años el condicionamiento se instaura. Aquellos que tengáis hijos, pensad en ello, porque dificultamos la vida de nuestros hijos al condicionarlos en lo que pensamos que les protegerá. No tiene nada que ver en protegerles. Es hacerles hacer lo que deseamos que hagan, eso es, principalmente que no sean una molestia.

La honestidad de mente, la sinceridad de espíritu y el desapego son las formas clave para superar el condicionamiento.

¿Cómo debería uno educar a un niño en el arte de vivir y las Leyes de la Vida sin condicionarlo?

No lo intentes. Deja al niño solo. Deja de golpearle, por una cosa, por cada cosa que haga que te moleste. El daño que infligimos se hace desde nuestra ignorancia de la realidad de un niño. No le enseñas a él/ella las Leyes de la Vida diciéndole, "¿Has estudiado hoy *Las Leyes de la Vida del Sr. Creme*? ¿Lo hiciste? ¿Qué has descubierto?" "He descubierto que no eran suyas. ¡Las recibió de uno de los Maestros!" "Buen chico. Puedes comer otra galleta."

Un niño no debe ni siquiera saber o reconocer que le estabas enseñando las Leyes de la Vida. Te incumbe a ti reconocer cuándo condicionas a un niño y no intentar enseñarle que Maitreya está en el mundo y que cuando tenga 12 años podrá hacer Meditación de Transmisión "como lo hacen mamá y papá".

Enseña al niño, sin presión, a ser lo más inofensivo posible, y la forma de hacerlo es ser lo más inofensivo posible en relación al niño. El niño hace lo que tú haces. Si eres inofensivo, el niño será inofensivo. Si eres nocivo, incluso a pesar que tú pienses que eres inofensivo, entonces el niño será lo mismo. Lo transferimos todo el tiempo.

¿Qué es el condicionamiento y cómo lo puedes diferenciar de la educación en el arte de vivir?

El condicionamiento es educación, pero es educación errónea, distorsionada. El condicionamiento es actuar, pensar, experimentar lo conocido, aquello que no es nuevo, aquello que ya es conocido. Y si todas tus experiencias ya son conocidas y son en realidad una función de la memoria entonces no tienen nada que ver con el arte de vivir. El arte de vivir es esencialmente nuevo momento a momento. La esencia del arte de vivir es que cada momento es nuevo. Es una experiencia creativa que proviene del alma.

Somos almas en evolución. Por tanto todo lo que concierne a nuestra vida que refleje esa realidad, la realidad del alma, la creatividad del alma, está en sintonía con el mejor arte de vivir. Aquello que es conocido, aquello que ya está caduco, es sencillamente memoria, aquello que se acarrea del pasado y es inútil pero gusta, a lo que uno se aferra sentimentalmente, por millones de personas, es perjudicial para las correctas estructuras para el arte de vivir.

El arte de vivir proporcionará la mayor libertad para el mayor número de personas, las mayores oportunidades para el mayor número de personas, el mayor grado de justicia para el mayor número de personas. Eso es el arte de vivir. Cuando, en cada cosa que hacemos –sea como individuos normales y corrientes o a cargo de grandes proyectos– creamos condiciones en las cuales el mayor número de personas encuentran bien, el Bien Común es elevado, mantenido y fortalecido. De eso trata el arte de vivir.

Ocio, simplicidad y el arte de vivir

¿Podría, por favor, proporcionar ejemplos que contrastan el ocio con el tiempo?

Ocio no es hacer nada. Ocio es hacer lo que te gustaría hacer, lo que hace descansar al cuerpo, a la mente, al corazón, o que te proporciona el tiempo para hacer algo para ti mismo por encima y además de lo que haces para la comunidad. Tu tiempo en la actualidad normalmente lo das al país en el que vives, a la comunidad en su conjunto, durante cinco días a la semana. El sábado y el domingo, la mayoría de personas, en un país desarrollado, tienen tiempo libre para el ocio. Personalmente no creo que eso sea suficiente. No creo que se espere que nadie trabaje con total concentración durante más de tres días o tres días y medio a la semana, dejándoles cuatro días o tres días y medio para lo que yo denomino ocio.

El ocio podría ser la parte más importante de la semana. Si uno es un alpinista, entonces indudablemente será lo más duro que uno realizará esa semana. Si uno es un corredor de larga distancia, nuevamente será duro durante tres días y medio. Si nos ocupamos en desarmar pieza a pieza un coche y volver a montarlo, eso podría ser un trabajo muy duro y concentrado, pero una alegría total para cierta mentalidad, ¡con una memoria visual de dónde encajan de nuevo las piezas! Existen diferentes tipos de ocio y usos de ocio. Tiempo y ocio no son contrastes. Uno sostiene al otro.

Los bienes del mundo, en gran medida, son producidos por los grupos más pobres del mundo, que no tienen otra opción sino recoger el té, hacer los trajes, herramientas, radios, zapatos, etc. El resultado de ese trabajo es ocio para las personas que reciben el dinero cuando estos bienes se venden. Ellas viven vidas de relativo lujo y ocio. Pueden hacer lo que desean hacer en cualquier momento. Pueden reunirse con amigos e ir a montar a caballo, o ir a dar una vuelta en coche, o al cine. Pueden tomar un avión e ir a Europa o a Japón por unos días. El ocio te permite hacer todas esas cosas que te gustaría hacer si estuvieras de vacaciones.

Es como si tuvieras vacaciones cada semana. Pienso que las personas necesitan un espacio en el cual ser ellas mismas, encontrarse a sí mismas, conocer y experimentarse a sí mismas. Invertir tiempo en uno mismo, también, es hacer un trabajo.

No puedes contrastar ocio y tiempo excepto para decir que aquellos que tienen tiempo tienen ocio. Si tienes el tiempo, tienes el ocio. Si no tienes el tiempo, no tienes el ocio porque estás haciendo otra cosa. No puedes ser feliz porque estás haciendo demasiado que no tiene nada que ver contigo. Esa es la mayor enfermedad del mundo en la actualidad.

Muchas personas están enfermas, constantemente enfermas. Es una enfermedad puramente emocional y psicológica porque invierten demasiado de su tiempo en hacer lo que va en contra de su naturaleza, e intereses. Se vuelven mecánicos, una máquina, y pierden contacto con su ser interior.

¿Cómo podemos cultivar la actitud de ocio en medio de nuestras vidas ocupadas?

El ocio no es una actitud. El ocio es tener el tiempo para hacer lo que deseas hacer, que está burbujeando dentro de ti y lo deseas hacer. Todos quieren irse de vacaciones. Eso parece estar burbujeando en cada uno todo el tiempo. Ocio para mí no es ir de vacaciones, no es irse al extranjero, no es tomar un avión, sino sencillamente subir hasta mi estudio, cerrar la puerta, sentarme y mirar lo que he estado haciendo. Eso es ocio, tiempo para ser lo que eres.

Actualmente, cuando las personas están en el trabajo, en su mayoría no son lo que son. Es una existencia paralela. Es su segunda vida o segunda personalidad, que han construido para poder ganar un sustento y vivir en esta sociedad, corrupta como lo es. Tenemos que vivir en ella. Tenemos que estar aquí. Abandonarla no nos hará ningún bien. Estamos encarnados en este momento por lo que está sucediendo en este momento. Tenemos la tarea de crear un mundo nuevo y mejor.

Ocio es hacer lo que innatamente deseas hacer, que es ser creativo. Es la oportunidad de ser creativo. Las personas olvidan que la creatividad no necesariamente trata de arte. Hay una pregunta, "¿Si no eres un artista, cómo consigues introducir algo de creatividad en tu vida?" No necesariamente es ser un artista como un pintor, un músico, un bailarín o un actor. Eso es sólo una faceta de actividad.

Puedes ser creativo en cada aspecto de la vida, sea el que sea. Los principales científicos están realizando descubrimientos extraordinarios sobre la naturaleza del átomo, por ejemplo, sobre la sustancia energética de nuestro universo, cómo parece resbalarse a través de sus dedos, y luego de repente ya no hay materia. ¿Qué ha sucedido con la materia? Aquellos científicos han hecho un gran descubrimiento. Eso es creatividad, la misma creatividad como los pintores que crean una pintura o los músicos un poema de tono.

La creatividad existe en cada hijo de Dios. Es una cualidad conferida por Dios. La actividad creativa es la naturaleza de la vida vivida bajo las Leyes de la Vida. El arte de vivir es vivir creativamente, que implica todos los aspectos de la vida. Puedes ser un mecánico. Puedes ser una enfermera, puedes ser…

¿Cómo el compartir de los recursos del mundo nos ayudará a tener más tiempo de ocio en el mundo desarrollado y en desarrollo?

Ayudará a aquellos en el mundo en desarrollo a tener más tiempo porque tienen que invertir tanto tiempo para crear lo poco que tienen de la nada. Nosotros en el mundo desarrollado tenemos todo el tiempo del mundo para crear lo mucho que tenemos de lo mucho. Si los recursos del mundo se compartieran apropiadamente según las necesidades de las diferentes naciones, sólo supondría una redistribución de recursos. Todo tiene que ver con distribución y redistribución. Esa es la base del problema económico actual.

Ya existen planes para una redistribución radical. Podrían ser ofrecidos a la humanidad tan pronto como aceptemos el principio de compartir. Por su misma naturaleza, esto proporcionaría a todos mucho más tiempo de ocio que el que tienen actualmente.

Tanto tiempo de las personas es utilizado de una forma puramente mecánica para llenar edificios de oficinas, rellenar hojas de papel, archivarlas, buscarlas, leer los archivos, escribir informes sobre ellos, entregárselos a alguien que se los entrega a otro. Alguien firma algo. Sube y baja por los pisos de nuevo, simplemente distribuyendo trozos de papel que informan de las diferentes cantidades de los distintos productos que han sido fabricados o serán fabricados, y los costes y beneficios que eso supondrá. Todo eso se realiza una y otra vez en millones de tales edificios de oficinas de todo el mundo moderno. Es un completo desperdicio del talento, energía e imaginación humanos. Reduce terriblemente el posible ocio que las personas podrían tener.

Estos no son verdaderos trabajos. Son trabajos montados completamente por la globalización y para asegurar que las camisetas hechas en Japón,

China, Hong Kong o Costa Rica, y vendidas en el mercado norteamericano, tengan tal diseño y calidad. Aún tiene que ver con la distribución de recursos. La mayoría de nuestro comercio se registra de esta manera.

Las reliquias más numerosas que poseemos de la civilización egipcia son los informes sobre su comercio. Los registros cuneiformes, esa masiva cantidad de tablillas tienen que ver con: "Vendido hoy tres pescados, una cesta de basura, dos melones a tal y cual, recibidas ocho pesetas" o cual fuese la moneda. Son de arcilla cocida sólida y ocupaban una inmensa cantidad de espacio. ¿Qué bien nos hace saber esto? Nos proporciona una pequeña visión de la operativa diaria de un estado egipcio hace miles de años.

Si alguien realmente demente deseara ver cómo las personas de los siglos XX y XXI vivían, sólo tiene que mirar los archivos de cualquiera de estos inmensos rascacielos, examinarlos durante cientos de años. Dedicar su tiempo y energía en leer el contenido de estos archivos, y luego leer los correos electrónicos relacionados con estos archivos. Obtendrían una imagen muy clara de la vida de las nulidades que los escribieron.

¿Qué propósito serviría? Una enorme cantidad de tiempo y energía de seres humanos se desperdicia actualmente por aquellos que dirigen los mecanismos del mundo, la producción y venta de objetos muy diversos e inútiles que son duplicados hasta la infinidad. Todo para proporcionarnos múltiples opciones. ¿Cuántos tipos de helados diferentes necesitamos? ¿Son 50 suficientes? Existen establecimientos que venden más de los 50 famosos. Lo mismo ocurre para cada tipo de producto que fabricamos actualmente en cada país desarrollado.

Casi nada de lo que Norteamérica, Gran Bretaña, Francia, Japón o cualquier otro sitio produce lo necesita ningún otro país. Los objetos se fabrican todos para proporcionar 'elección' o el último artilugio que se adecue con los otros artilugios que ya tenemos y hemos fabricado.

Es un derroche inútil del potencial humano. Cuando compartamos los recursos del mundo, nos libraremos de gran parte de eso. Sólo necesitamos guardar los registros de los bienes que han sido intercambiados utilizando una forma sofisticada de trueque que el compartir suscitará. Será completamente simplificado. Nuestra vida será simplificada de forma irreconocible. No tendremos ni incluso 50 tipos diferentes de helados. ¡Sé que es duro!

¿Podría explicar el papel que la simplicidad tiene en el arte de vivir basándose en su charla?

La simplicidad tiene un papel a desempeñar porque cuando se analiza el sendero de la evolución, descubres que todas las criaturas, en primer lugar, no desean hacer otra cosa que comer. Luego cuando los organismos se vuelven cada vez más complejos, también sus necesidades lo hacen. Luego llegas hasta los seres humanos, una enorme cifra de 6.500 millones de nosotros en el planeta Tierra, viviendo las vidas más complicadas, creando una infinidad de productos de todo tipo, aprovechables e inservibles, útiles e inútiles, que llenan las tiendas y los almacenes de todo el mundo. Eso sin contar las millones de toneladas de armamento inútil que atestan y amenazan al mundo.

Simplemente camina por una de las principales avenidas de Tokio, por ejemplo, y dirígete a la zona donde puedes comprar tecnología de todo tipo: teléfonos móviles, cámaras, televisores u ordenadores. Puedes comprar millones de ellos. Cada edificio está lleno, completamente, desde la primera hasta la vigésima planta, únicamente con todo tipo de artilugios de comunicación.

¿Se simplificará? ¿Forma parte de ello la simplicidad? Yo diría que la simplicidad tiene mucho que ver con el Arte de Vivir. Mi experiencia es que al crecer la humanidad y la vida se llena cada vez más con objetos, con tecnología, se vuelve cada vez menos simple, y se aleja más de lo que denominamos el Arte de Vivir. No sabemos cómo vivir. No es una buena forma de vivir, llenar almacenes con todos esos teléfonos móviles y ordenadores. Deberían ser distribuidos si son útiles, o no ser fabricados si son inútiles. Es la comercialización enloquecida.

Al evolucionar, cuando el Arte de Vivir se revele a la humanidad, cuando estemos dispuestos a renunciar un poco a esta complicada sobreproducción, descubriremos que la simplicidad es la tónica.

La simplicidad es realmente utilizar lo mínimo que necesitas para disfrutar de una vida más plena. La vida más plena puede vivirse como un arte pero necesita simplicidad. Así que cuando entremos en la Nueva Era apropiadamente, cuando el Arte de Vivir sea considerado con seriedad por la humanidad y se reconozca y se desarrolle, cuando la inofensividad y la Ley del Sacrificio lo controlen, entonces también descubriréis una simplicidad cada vez mayor. La 'experiencia del desierto' mostrará a la humanidad la necesidad de la simplicidad. Y cuanto más compleja sea la vida, como lo es, quizás, en Norteamérica actualmente, más difícil podría ser aceptar la simplicidad del futuro. Pero será un tiempo más feliz porque existe una gran felicidad que disfrutar en la simplicidad.

La naturaleza de la intuición

Dado que la intuición es tan clave en el arte de vivir nuestras vidas, ¿podría arrojar más luz sobre cómo podríamos contactar con nuestra intuición o reconocer un pensamiento intuitivo dado nuestro punto de evolución, que ni está mentalmente polarizado para la mayoría de nosotros?

La intuición es la función del alma. La única forma de contactar con tu intuición es utilizándola. Podrías no saber cuándo lo estás haciendo o cuándo no lo estás haciendo. Podrías confundir tu intuición, como hace la gente, con la imaginación astral. Muy a menudo las personas piensan que eso es intuición porque no es su pensamiento de cada día, pero podría ser puramente astral. Si no es astral, podría provenir de un nivel superior, el alma. Sólo puede provenir del alma si se tiene contacto suficiente con el alma.

La intuición en realidad no se desarrolla tanto como se invoca. Leed a DK, las Enseñanzas de Alice Bailey, por ejemplo. Podríamos comprender las palabras pero no lo que significan. Comprendemos que se trata de pensamiento abstracto, es esoterismo, y por tanto es difícil. Pretende ser difícil. Si fuese fácil lo comprenderíamos con nuestro cerebro.

La intuición entra en juego cuando la invocamos para ayudarnos a comprender aquello que fue escrito por encima del nivel de la mente inferior. Eso es el trabajo de un Maestro. Podríamos obtener una percepción del significado de lo que Él escribe, pero no podemos expresarlo en nuestras propias palabras, no lo hemos comprendido lo suficiente para ello.

Pero leyéndolo una y otra vez, y luego dejándolo de lado y regresando a ello, llegamos a comprender cada vez más porque estamos realmente invocando la intuición. Nuestra alma, a través de la intuición, en el nivel manásico, nos está confiriendo su comprensión. Estamos extendiendo nuestra mente hasta que abarca los planos mentales superiores, y la intuición entre en juego. Eso podemos hacer. Esa es una forma precisa en la cual podemos expandir la intuición. No conozco ninguna otra forma con la cual podamos, excepto si meditamos más.

He sido consciente durante toda mi vida laboral como pintor que he estado meditando incluso mucho antes de que realmente me dedicara a la meditación. Cada cuadro que pinté, supe después, era un estado de meditación. Todo el tiempo buscaba el tono correcto de un color o el ángulo exacto de una forma. Sin pensar en otra cosa que en eso, sólo los problemas de la pintura, invocaba la intuición. No existe ninguna otra explicación para ello.

Esa pintura nunca había existido antes. La estaba creando por primera vez, así que los problemas estaban allí por primera vez. Cada vez que pintaba, y esto aún es así, es como si comenzara a pintar por primera vez. Un nuevo cuadro es como mi primer cuadro. Estoy en ascuas. Realmente no sé cómo será. Tienes que entrar en una concentración profunda que invoca la intuición.

Estas decisiones puramente pictóricas son actos creativos. Es una gran frase, un acto creativo. No tiene que ser una gran obra maestra. Es simplemente que el proceso de hacerlo está invocando la intuición. De igual forma, cuando lees algo como las Enseñanzas de DK (no me refiero a novelas y similares), invocas la intuición. Intenta leer *Las Leyes de la Vida*, los pensamientos y las ideas de Maitreya, sin invocar la intuición. Dudo que puedas entender demasiado.

La intuición es ciertamente algo que puede invocarse y expandirse. Como todo, cuanto más lo haces, más lo puedes hacer, hasta que es automático. Atraes la luz del alma. No te sientas y visualizas un rayo de luz que desciende sobre el problema, sino que elevas tu atención hasta un nivel donde el alma puede, a través de la intuición, iluminarte, darte la respuesta.

"...o reconocer un pensamiento intuitivo..." Cuando es intuitivo, lo puedes reconocer. Es cuando no es intuitivo que podrías estar confundido. Cuando es astral, imaginación astral, podrías pensar, "No era yo. Era mi intuición." ¿Pero lo era? Descubre de dónde provenía. *"...dado nuestro punto de evolución que ni está mentalmente polarizado para la mayoría de nosotros."*

Si estás por debajo de 1.5 y aún no mentalmente polarizado, por tanto, tienes que tomar en cuenta que a veces será espejismo astral más que la intuición lo que guía tu actividad. Pero eso no significa que no sea la intuición. El alma puede ser contactada por cualquier persona que se acerca a la primera iniciación. Es el alma la que conduce a la persona hasta la primera iniciación. Tomas la primera iniciación en cierto momento pero podrías haber estado toda una vida para llegar a ese estado desde 0.9 o 0.8. Es un proceso. Lleva su tiempo para que tenga lugar. La evolución avanza lentamente. Dado que lo hace, perdura, la evolución se sostiene.

¿Cómo podría saber si mis presentimientos o inspiraciones buenos y positivos son intuición o sólo astral? ¿Existen técnicas que podríamos utilizar para desarrollar la intuición?

Hablé sobre leer a DK, expandiendo el rango de la mente. Cuando expandimos la mente, nos acercamos a la intuición, a los niveles donde la mente inferior ya no nos puede llevar. Si hacemos esto todo el tiempo, se desarrolla.

Creatividad y Arte

No soy consciente de tener ningún talento artístico. ¿Cómo puedo integrar mejor la creatividad en mi vida cotidiana?

Como he dicho, no es una cuestión de talento artístico. Es una cuestión de acción creativa en cualquier departamento de la vida. Estamos hablando de creatividad no de talento artístico.

Si alguien es un artista, ¿es mejor crear arte y seguir su pasión o aceptar un trabajo corriente para apoyar el trabajo de la Reaparición?

Es mejor apoyar el trabajo de la Reaparición pero eso puede hacerse en cualquier tipo de trabajo, incluyendo el arte.

¿Es ser un artista un servicio a la humanidad a pesar de no ser uno un Rembrandt?

Eso depende de cuán lejos de ser un Rembrandt estás. Si te refieres a hacer pequeños cuadros de playas para recordar a las personas sus vacaciones y venderlos en las tiendas dedicadas a esa actividad, entonces no creo que sea un gran servicio para la humanidad. Pero las personas encuentran arte en su propio nivel. Los cuadros decoran la pared. Pueden recordar a la persona de unas bonitas vacaciones, pero eso no es arte, sólo es un cuadro. Los ingleses tienen una frase, "Cada cuadro cuenta una historia". Si cuenta una historia, es un buen cuadro. Si no cuenta una historia, es un cuadro malo. Así es cómo muchas personas ven el arte. El arte no tiene nada que ver ni con contar una historia ni con vacaciones. El arte es una función totalmente independiente. Es un lenguaje para hablar sobre la naturaleza de la realidad. Haces eso a un nivel muy elevado si eres un Rembrandt, y a un nivel muy inferior si eres Joe Bloggs.

Si es así, ¿podría decir algo sobre el proceso de proporcionar este servicio y qué lo convierte en ello? Por ejemplo, ¿tiene que ver sencillamente con el acto de crear o tiene más que ver con el producto de la creación?

Tiene más que ver con el acto de crear más que con el producto. Podría no existir producto final de la creatividad. Podría haber un gran descubrimiento científico o un gran descubrimiento en el proceso de aprendizaje, un proceso de enseñanza, o alguna revelación religiosa o una nueva verdad filosófica. Al hablar sobre el arte de vivir, la vida es una forma artística dado que responde a las Leyes de la Vida y crea armonía, síntesis, belleza y unidad.

El trabajo de la Reaparición y la Meditación de Transmisión

¿Cuánto deberíamos enfatizar en nuestro trabajo de la Reaparición la educación del público sobre el renacimiento, la inofensividad, el karma y el sacrificio?

Estas son las leyes que subyacen al arte de vivir. Es un arte y necesita ciertas pautas. Éstas son las pautas. Estos son los puntos de partida, porque el arte de vivir debe obedecer estas leyes. Son fundamentales para las correctas relaciones humanas. Sin inofensividad, no puede haber correctas relaciones. Sin renacimiento no puede haber vida. No puedes hacer nada sobre una ley como la Ley del Karma y la Ley del Renacimiento. Sencillamente debes reconocerlas. Puedes ampliarlo o presentar estas leyes en un mayor o menor grado. Depende de ti.

¿Cuánto control podemos ejercer sobre nosotros mismos en esta fase?

Lo que tienes es control sobre tu grado de inofensividad o lo contrario, tu capacidad de sacrificio o lo contrario. Éstas son las únicas cosas que puedes controlar. Las otras son grandes leyes que gobiernan la vida misma en el planeta Tierra, así que tienes que trabajar dentro de ellas. Así es cómo puedes presentar la idea de la inofensividad y el hecho asociado del renacimiento como los fundamentos de nuestra vida en el planeta Tierra.

No son algo que tengas que adquirir. Ya existen. Lo que no existe es la inofensividad en todas las personas todo el tiempo.

Una de las cosas que me impresionaron mientras usted hablaba fue que grandes artistas recrearon viejas obras maestras. Comencé a pensar en cómo usted toma las enseñanzas de Alice Bailey, una cita de la Biblia, los artículos de su Maestro, y los recrea totalmente, no los copia sencillamente, cuando imparte sus charlas. He estado pensando desde ayer sobre cómo la mayor parte del tiempo cuando hablo a personas sobre la Reaparición estoy simplemente copiando. ¿Cómo puede recrear lo que he aprendido y hablar desde el corazón y hacer que lo que diga sea algo único mío?

¡Si hubiese estado hablando sobre la Reaparición durante tantos años como yo lo he hecho (35 años) tiene que hacerlo propio o estalla! ¿Puede imaginarse lo que sería para la audiencia si cada vez que habla usted repite, palabra a palabra, a Alice Bailey o aquello que dijo en sus primeros años de sus charlas? Es algo que se desarrolla. Si estás involucrado en ello, y no lo harías durante mucho tiempo si no estás realmente involucrado en ello, lo conviertes en algo propio. No puedes evitarlo. Es un proceso de recreación. Utilizas los elementos necesarios de la historia que podrían alargarse durante horas pero en una charla tienes que rebajarlo y hablar desde el corazón. Tiene que estar en tu corazón para empezar. Sólo puedes hablar desde el corazón cuando está en tu corazón.

Cuando subo a la tarima no tengo ni idea de lo que voy a decir. Conozco las ideas que deben introducirse en la charla. No tengo ni idea de en qué lugar de la charla entrarán, cuántas entrarán, qué me olvidaré, qué dejaré fuera. En San Francisco, este año, dije que esta charla podía impartirse desde muchos puntos de vista diferentes. ¡No puedo pensar en el mío! Entonces simplemente dije, "¿Qué es lo que vais a hacer respecto a vuestro presidente? ¿Qué es lo que vais a hacer sobre vuestro gobierno?" La audiencia se rió. Inmediatamente, se estableció nuestra compenetración. Entonces escucharon lo que se estaba diciendo, y yo sencillamente broméé. Cuando hablo, simplemente hablo. No tengo una idea a priori de lo que voy a decir. Simplemente hablo según viene. Digo una palabra y se relaciona con otra palabra, que me hace pensar en otra idea y yo la introduzco. Entonces digo una palabra, y eso trae otra palabra y esa idea tiene que entrar. Es parte de la información. Yo proporciono información, pero espero que no información seca. Intento convertirlo en un discurso interesante sobre muchos temas, y relaciono todo hasta que la audiencia tiene una visión del mundo, el estado del mundo, y lo que se necesita. Sencillamente introduces en ello todo lo que tengas. Es por tanto un proceso vivo. No puedo repetirlo. Nunca he repetido exactamente una conferencia. Inmediatamente me olvido de lo que he dicho.

¿Cómo desempeña la Meditación de Transmisión un papel para potenciar o ayudar en el arte de vivir?

Inevitablemente lo hace. Te ayuda a continuar con la vida, a sentirte mejor, más feliz, más sensato, más equilibrado. Como todas las meditaciones, la Meditación de Transmisión te lleva a un estrecho contacto con el alma. Lo hace de forma más perfecta que ninguna otra porque es 100 por ciento científica. La Meditación de Transmisión te lleva a contactar con todos los pensamientos e ideas que la rodean, como la Reaparición del Cristo y los Maestros. Mantiene en primer plano de tu mente la idea de servicio porque es un servicio al mundo. Es un estanque inacabable de energía que el grupo puede utilizar cuando lo necesite desde la reserva de energía que están creando todo el tiempo.

No puedes hacer Meditación de Transmisión sin evolucionar rápidamente. No puedes sino evolucionar con las energías que pasan a través de los chakras en un estado intensificado. No puedes evolucionar tan rápidamente con ningún otro medio. Así que realmente es un método de potenciar la cualidad de tu arte de vivir.

¿Cómo podemos mejorar la práctica de la Meditación de Transmisión? Haciéndola más correctamente, manteniendo el alineamiento. Todo tiene que ver con el alineamiento.

Segunda Parte
Los Pares de Opuestos

Los Pares de Opuestos

Por el Maestro —, a través de Benjamin Creme

Desde que emergió por primera vez el hombre en la Tierra, su historia ha sido de conflicto y lucha, agresión y guerra. Rara vez ha habido una época en que estas tendencias no hayan sido predominantes, hasta el punto de que pareciera que representan la naturaleza esencial del hombre. Sin embargo, a pesar de toda evidencia en contra, categóricamente éste no es el caso. ¿Por qué, entonces, el hombre presenta una imagen tan distorsionada de sí mismo? ¿De dónde viene esta capacidad para la acción caótica y la violencia destructiva?

El hombre es esencialmente un alma, un reflejo perfecto de Dios. A través de incontables encarnaciones durante incalculables eras, el alma del hombre busca expresar su divina naturaleza en tiempo y espacio. Creando para sí misma una contraparte física, el alma dota a esta con los medios de evolución para su propia perfección. De esta manera se desarrolla el Plan de Dios.

La clave para este desarrollo es la aspiración. Morando internamente en todos los hombres está el deseo de perfección y el impulso de expresar lo bueno, lo bello y lo verdadero –los atributos del alma. Nadie, por mucho que falle en la acción, está desprovisto de este deseo de mejoramiento, como quiera que se exprese. En nadie está ausente este anhelo.

¿Cómo explicar entonces las aberraciones del hombre, su violencia y odio?

La respuesta yace en la posición única del hombre, el lugar de encuentro entre espíritu y materia, y las tensiones que su coincidencia evocan. El hombre es un alma inmortal, sumergida en la materia, sujeta, por tanto, a las limitaciones que esa materia impone. Su lucha por la perfección implica la consecución de la total unión y resolución de estos polos gemelos de su naturaleza. A través de repetidas encarnaciones, el proceso evolutivo gradualmente alcanza este objetivo, hasta que la cualidad y radiación de la materia coincide con aquella del espíritu. El Plan se cumple y otro Hijo de Dios ha regresado a casa.

Durante largas eras, el dominio de la materia impide una mayor expresión del alma; la evolución avanza pero lentamente. Cuando, al fin, los polos opuestos de su naturaleza son resueltos, el hombre se da cuenta de que la dicotomía no es sino aparente, las oposiciones irreales. Entonces ve que todo es Uno, espíritu y materia dos aspectos de una Totalidad divina, las limitaciones del pasado nada más que ilusión.

Sin la lucha de los opuestos y la fricción resultante, el progreso del hombre sería desde luego lento. La fricción es el fuego que le impulsa en su camino, la aspiración la luz que siempre le llama hacia arriba. Así el hombre desecha, con el tiempo, las limitaciones de la materia, dotándola con la radiación de su verdad espiritual. La labor del hombre es espiritualizar la materia y llevar la sustancia del planeta, en cada reino, hacia un perfecto reflejo del Hombre Celestial del cual es su cuerpo. El conflicto y la guerra, la violencia y el odio, no son sino la manifestación pasajera de la incapacidad del hombre, hasta ahora, de manifestar su verdadera naturaleza. Se acerca rápidamente el momento en que su verdad prevalezca, irradie su belleza y se manifieste su bondad para que todos la vean. (*Share International*, Julio 1989)

Comentario sobre los Pares de Opuestos

*Éste capítulo está basado en una versión editada de la charla impartida por Benjamin Creme en la Conferencia de Meditación de Transmisión celebrada cerca de San Francisco, EEUU, en agosto del 2002. (Publicada por primera vez en la revista **Share International**, Enero/Febrero 2003.)*

'Los Pares de Opuestos' es probablemente el tema más importante sobre el que uno podría pensar, y con esperanza, resolverlo. Se trata de nada más y nada menos que la demostración por el Maestro del hecho fundamental de nuestra existencia como almas –por qué esto es difícil para el alma; y por qué es difícil para nosotros, la humanidad, hacer algo como almas durante un largo periodo de tiempo. Por supuesto, desde el punto de vista del alma no es nada de tiempo porque el alma no funciona dentro del tiempo. Pero desde el punto de vista de aquello a través de lo que funciona –los cuerpos físicos, en sucesión, durante todas las eras– eso parece un periodo de tiempo interminable antes de que el alma pueda realmente demostrar su naturaleza a través de su reflejo, el hombre o mujer en encarnación. Por supuesto, no tiene lugar todo a la vez. El alma se encarna en la materia. Se provee de cuerpos –físico, emocional y mental– sintetizados en la personalidad, el reflejo del alma en el plano físico. La diferencia en vibración entre el alma y los cuerpos impide cualquier fusión instantánea, o incluso temprana, entre ambos.

El hombre emergió en la Tierra hace dieciocho millones y medio de años, según los Maestros. Eso es un largo periodo de tiempo. Hemos estado en ello durante todo ese tiempo. ¿Os podéis imaginar lo agotador que sería si lo recordáramos? Dieciocho millones y medio de años parece un periodo de tiempo excesivamente largo para que la humanidad haya luchado para llegar a este punto.

Bueno, parecería que rara vez ha existido un tiempo en el que no hubiera existido conflicto y lucha, agresión y guerra. ¿Quién dijo que este país, Norteamérica, fue descubierto por Colón? No, los vikingos llegaron mucho antes. En el siglo VIII desembarcaron aquí, se pintaron, y luego descubrieron y lucharon contra otros pueblos que estaban aún más pintados.

"Rara vez ha habido una época en que estas tendencias no hayan sido predominantes." Os podéis imaginar, durante dieciocho millones y me-

dio de años rara vez ha habido un fin de semana tranquilo. Siempre hubo una guerra que comenzaba, o estaban descansando, esperando al lunes para comenzar de nuevo, hasta el punto que pareciera que esto representa nuestra naturaleza esencial. ¿Es verdad? ¿Es posible que ésta es la naturaleza esencial del hombre, de la humanidad?

El Maestro afirma que, a pesar de toda evidencia en contra (y por supuesto, existe una sólida evidencia en contra) categóricamente éste no es el caso. Si un Maestro lo dice, Él lo sabe. Los Maestros saben porque Ellos perciben un tiempo y un estado en el que esto no es el caso. La naturaleza esencial del hombre y, por supuesto, de la mujer, es otra que el conflicto, la lucha, la agresión y la guerra. ¿Por qué entonces mostramos una imagen tan terrible, totalmente distorsionada, de nuestra naturaleza real?

"¿De dónde viene esta capacidad para la acción caótica y la violencia destructiva?" Cada generación, según la enseñanza esotérica, trae a encarnación a aquellos equipados con la capacidad de solucionar los problemas del momento. Esto asegura que la evolución de la humanidad continúa; que siempre existe una nueva generación que ve los problemas y puede abordarlos de una nueva manera; puede solucionarlos y preparar el camino adelante para la gran masa de la humanidad. Al mismo tiempo, por supuesto, existe esta tendencia, inherente en la relación entre espíritu y materia, que produce conflicto.

"El hombre es esencialmente un alma, un reflejo perfecto de Dios." Éste es el tópico esotérico de todos los tiempos. Realmente somos almas en encarnación. Almas perfectas idénticas a lo que denominamos Dios, el Hombre Celestial que enalma este planeta, que nos ha creado, para quién somos formas mentales en Su mente. Él ha concebido un plan de evolución y nos ha colocado en él como un aspecto del Plan, de ninguna manera como su totalidad, sino una aspecto importante: juntar espíritu y materia en el hombre.

"A través de incontables encarnaciones durante incalculables eras." Dieciocho millones y medio de años, ¿hasta cuándo? ¿Cuándo comenzaron nuestras almas a prestar atención de la materia a través de la cual se estaban expresando en el plano físico? Eso determina nuestro punto de evolución. En el momento en el que el alma ve que estamos preparados para comenzar a expresar, de alguna manera, la perfección del alma; de traer las cualidades del alma –la verdad, la belleza, la inteligencia, el anhelo de perfección del alma– al proceso encarnatorio, la verdadera

evolución del hombre o mujer comienza. El momento en que eso sucede en cada caso individual determina nuestro punto de evolución.

A través de incontables encarnaciones, el alma busca expresar su naturaleza divina en tiempo y espacio a través de sucesivas personalidades, cuerpos físicos, emocionales y mentales, a veces como un hombre, a veces como una mujer. Lleva a cabo este deseo, este anhelo de replicar su naturaleza y cualidad, en una contraparte física. El alma dota a la contraparte con los medios de evolución para su propia perfección, Así es como funciona el Plan de Dios.

Millones de personas no saben que existe un Plan. Se trata de una situación desafortunada. Pienso que es probablemente la más desafortunada, despúes de la casi total ignorancia de que somos almas. Lo primero, la primera realidad, pienso, es que se le enseñe a todos la constitución humana: que todos somos esencialmente espirituales por naturaleza, y que esa divinidad o espíritu se refleje a sí mismo en un nivel vibratorio algo menor como el alma humana, y que el alma se refleje a sí misma en el plano físico como un hombre o una mujer. Esa es la realidad. La evolución tiene lugar según un Plan. Los Maestros de nuestra Jerarquía Espiritual son los Custodios de este Plan.

Si todos en el mundo supieran eso, o pudieran considerarlo como una hipótesis, el mundo sería extraordinariamente diferente. Ya que las personas no saben que existe un Plan, son corruptas, o son honestas, pero no tienen idea hacia donde se dirigen. Son impulsadas por el gran imán de la evolución, y como resultado no tienen realmente libre albedrío. Sencillamente son impulsadas por las circunstancias, y reaccionan a estas, por supuesto, desde el punto de evolución que han alcanzado.

Lo que se necesita, yo diría por encima de todas las cosas, es una reeducación de la humanidad para así conocer que la evolución procede según un Plan, y que podemos tomar parte en ese Plan. Podemos volvernos conscientes y trabajar según el Plan. El caos, agresión y guerra, el conflicto y la lucha, son el resultado de la ignorancia del hecho de un Plan y la naturaleza del Plan. Por tanto, no sabemos cómo vivimos. Existen grandes leyes que gobiernan este proceso de evolución, y el alma proporciona a sus vehículos los medios para evolucionar.

Aspiración

La clave para este desarrollo se denomina aspiración. Todo lo que evoluciona, desde un grano de arena hasta el Ser más evolucionado que podrías imaginar, el ángel o avatar más excelso que podrías visualizar, ha alcanzado ese punto como resultado de la aspiración.

Existió un tiempo en el cual toda vida se desarrollaba en el mar. Los mares abarcaban la gran mayoría de la vida en este planeta. En las zonas de tierra firme estaban los comienzos del reino vegetal, y algunas criaturas marinas salieron del mar hacia la tierra.

Debió de ser una experiencia extraordinaria para el primer pez o reptil, que salió del mar hacia una tierra relativamente más seca. Tuvieron que aprender a respirar y comenzar a moverse de una forma diferente. Tuvieron que aprender a andar, con torpeza al principio, y luego con gran facilidad hasta que pudieron correr más rápido de lo que puede un caballo hoy en día.

Esto no sucede al azar sino como resultado de la aspiración. Es difícil imaginar la aspiración de una criatura marina para desplazarse a tierra firme, y sin embargo sin aspiración nunca hubiera tenido lugar. Ningún cambio tiene lugar sin la aspiración por el cambio. Un cambio de esa naturaleza, de vivir en el mar hasta vivir en tierra firme, es trascendental. Obedecía a una voluntad interna, una aspiración por el cambio, por mejorar, por un estado más elevado, por una perfección nunca soñada hasta entonces pero percibida como una posibilidad. Nosotros evolucionamos exactamente de la misma manera.

A través de la aspiración tenemos nuestro idealismo. Respondemos a las energías que se envían al mundo a través de la Jerarquía de Maestros, que son los Custodios del Plan, y en respuesta aspiramos al cambio. Tenemos una visión de un estado diferente y mejor, más perfecto, sea político, económico, social, o científico, cultural, o el que sea. Evolucionamos a través de esta capacidad de visionar algo mejor, algo más cercano a la perfección que instintivamente sabemos que es posible. Instintivamente sabemos lo que está en la mente del Logos porque básicamente somos almas, reflejos exactos del Logos que llamamos Dios, el Logos del planeta Tierra, el Hombre Celestial cuyas ideas somos.

De esta manera evolucionamos, creamos nuevas condiciones. Podemos salir del mar y acostumbrarnos a vivir en tierra firme.

"La clave para este desarrollo es la aspiración. Morando internamente en todos los hombres está el deseo de perfección y el impulso de expresar lo bueno, lo bello y lo verdadero –los atributos del alma. Nadie, por mucho que falle en la acción, está desprovisto de este deseo de mejoramiento, como quiera que se exprese." Quizás existan algunas excepciones. Existen algunos políticos modernos, y algunos políticos del pasado, a los cuales es difícil colocar en ese contexto. Pero seamos generosos. Aceptemos lo que el Maestro dice: que nadie –por mucho que falle en la acción, inadecuado, ávido de poder, codicioso– está privado del deseo de mejorar. Él percibe lo bueno. Por supuesto lo tergiversa, completamente, y crea caos.

"¿Cómo explicar entonces las aberraciones del hombre, su violencia y odio?" ¿Cómo podrías explicar a algunos de los hombres que gobiernan el mundo actualmente?

Unión de Espíritu y Materia

"La respuesta yace en la posición única del hombre, el lugar de encuentro entre espíritu y materia, y las tensiones que su coincidencia evocan." Ese es el secreto de todo. Somos almas –seres perfectos, sublimes, espirituales, idénticos al Dios del que provenimos. Pero estamos envueltos en lo opuesto, o lo que aparenta ser lo opuesto: la materia de nuestros cuerpos físico, emocional y mental. Incluso nuestro cuerpo mental, incluso esa cosa tenue llamada pensamiento, es materia, expresándose a sí misma en un nivel específico. En esa materia tiene lugar una gran reorganización. La denominamos evolución. El alma se encarna en la materia y pasa a través del largo y aparentemente interminable conflicto entre aquello que denominamos espíritu y lo que llamamos materia.

Esa es la razón de la inacabable violencia y odio a lo largo de las eras, 18,5 millones de años, hasta a veces quedar la humanidad casi extinguida. Mucha de la matanza corrió a cargo del reino animal, pero mucha de ella la realizó el hombre contra el hombre, quitando la vida a su prójimo por comida, por tierra, por el dominio codicioso de su área. El hombre posee un lado codicioso, que surge de su malentendido del significado y propósito de la vida. Piensa que está bien, al menos algunos hombres piensan que está bien quitarle la tierra a otra persona, poner allí una tienda y llamarlo 'el Imperio'.

El imperialismo es casi tan antiguo como la humanidad, y todavía persiste. Todavía existe ese impulso por lo más grande y mejor. Por supuesto, cuanto más grande y mejores somos, más poderoso somos, y así podemos ser más grandes y poderosos. Esto es lo que todos los países imperialistas han hecho a través de los tiempos. Es la forma en que los romanos conquistaron todo el mundo conocido, toda Europa y Asia Menor, hasta la India, y en occidente hasta Alemania y las tierras bajas, Francia, España e incluso cruzar el canal hasta Gran Bretaña.

Mirad lo que hicieron los romanos. Estaban en todas partes, pero no estaban satisfechos con ello. ¿Así, qué hicieron? Cuando el mundo se abrió por otros pueblos, los españoles, los portugueses y otros, que llevaron sus descubrimientos a todo el mundo, los romanos volvieron a despertarse y dijeron: "Esto no está nada bien. Hemos perdido nuestro poder. Nadie ya piensa en Roma". Y así los romanos se encarnaron como los ingleses. Nuevamente comenzaron a conquistar el mundo, y esta vez casi lo hicieron totalmente, unas tres cuartas partes, lo que denominaron el Imperio Británico. Eso es el imperialismo para vosotros.

Ellos se encarnaron como los ingleses, lo que hizo posible construir un imperio más grande de lo que Roma nunca hubo conocido. Los romanos construyeron caminos; los ingleses construyeron ferrocarriles. Pudieron llegar más lejos y rápido, y abrió el mundo. Es algo extraordinario. Los romanos aún siguen haciéndolo.

"El hombre es un alma inmortal, sumergida en la materia, sujeta, por tanto, a las limitaciones que esa materia impone." Ese es el problema. Todo tiene que ver con el nivel de vibración. La materia, en relación con el alma, es inerte, relativamente hablando. No vibra, o vibra tan lentamente que durante largas eras el alma no puede utilizarla excepto de una forma muy rudimentaria, en la que se encarna, y produce un vehículo, un hombre o mujer, que crece, tiene niños y muere. Todos hemos hecho eso. Esta es la forma en que progresa, pero lleva una eternidad.

La materia es tan inerte, responde tan poco a la vibración del alma, a lo que el Maestro llama lo bello, lo verdadero, lo bueno, del alma. Y aún y así el Ser en este cuerpo, preso en esta materia, posee –porque es un alma– un anhelo de perfección, el sentido de que existe algo mejor. Llega un momento en la vida de cada uno, en la historia encarnatoria de cada una, cuando el alma mira hacia abajo a su reflejo y dice: "Observa, observa eso". Trae a sus amigos. "Mirad, mirad. ¿Lo veis? Se está moviendo. Mirad. Se ha movido de nuevo. ¿Lo habéis visto?" "Tenéis que haberlo visto. Mirad. Observad. Allí, se ha vuelto a mover. Lo hizo."

Eso me recuerda de una vez en un barco, el *Queen Mary*, donde realizamos varias Meditaciones de Transmisión. En una ocasión, estábamos dentro a nivel de cubierta, en una bella sala redonda haciendo Meditación de Transmisión. Era fin de semana y se permitía la entrada del público al barco que era para entonces un hotel flotante, en Long Beach, California. Estábamos todos sentados cerca de las portillas redondas, y la multitud paseaba alrededor. Podíamos oírles, pero nosotros continuamos alegremente, cuando de pronto apareció una familia detrás mío, que en voz alta exclamó: "Oh, mirad a estos. Son maniquíes. Mirad. Mirad. Sabéis, es como esas estatuas de cera de Madame Tussaud. Son muñecos de cera. Miradles, todos sentados". Nosotros a duras penas podíamos contener la risa. Y entonces dijeron: "¡No son muñecos! Mirad. Uno se ha movido. Ese se ha movido." "¿Dónde? No le he visto moverse." "Sí. Mira otra vez lo ha hecho." Nos pusimos más rígidos, intentando no reírnos. Finalmente se marcharon, dudosos de lo que habían visto.

Así es para el alma cuando mira hacia abajo, y observa un pequeño esfuerzo espiritual en su contraparte. Se observa una pequeña luz emanando de esta materia inerte y eso es, realmente, un tema de celebración. Para celebrarlo, el alma conduce a su contraparte, su vehículo, a algún tipo de meditación. A través de la meditación, el alma al final podrá hacer que esa materia sea más susceptible a su naturaleza.

Entonces se introdujo un medio de unir o fusionar el alma y su contraparte, y un medio por el cual el hombre o mujer podría responder al impacto del alma. Se denominó iniciación. Las iniciaciones, cinco en número, se introdujeron para sacar provecho del punto alcanzado por la humanidad avanzada de ese tiempo, y a través de ese proceso el lazo con el alma se profundizó. El proceso de fusión se desarrolló, y la evolución humana tuvo lugar.

Se trata de un proceso artificial que acelera el proceso evolutivo. Sin el proceso de iniciación, llevaría millones de años más de tensión, lucha, agresión y guerra para alcanzar la fusión, el yoga, esa unión del espíritu y la materia. Cuando una persona llega al comienzo del proceso iniciático –que sólo cubre las pocas últimas vidas de la larga evolución –todo se acelera.

"Su lucha por la perfección implica la consecución de la total unión y resolución de estos polos gemelos de su naturaleza." Esa es la necesidad, llevar a la unión total los dos extremos opuestos, como aparentan ser, la resplandeciente, bella, buena y verdadera naturaleza espiritual del alma, y la inercia y baja vibración de la materia.

"A través de repetidas encarnaciones, el proceso evolutivo gradualmente alcanza este objetivo, hasta que la cualidad y radiación de la materia coincide con aquella del espíritu. El Plan se cumple y otro Hijo de Dios ha regresado a casa." Cuando se alcanza por completo, se toma la quinta de las cinco iniciaciones y el Maestro es libre de la atracción de la materia. Hay una fusión total entre el alma y su reflejo, entre aquello de lo que el alma es un reflejo –el espíritu, la mónada del Ser– y la contraparte en el plano físico, el hombre o mujer que ves cuando te miras al espejo. Cuando los dos se fusionan, el viaje en la Tierra ha acabado. Es sólo el trampolín hacia otra gran expansión de conciencia, a niveles cósmicos, pero en lo que a este planeta concierne la labor se ha realizado.

"Durante largas eras, el dominio de la materia impide una mayor expresión del alma; la evolución avanza pero lentamente. Cuando, al fin, los polos opuestos de su naturaleza son resueltos, el hombre se da cuenta de que la dicotomía no es sino aparente, las oposiciones irreales." ¿Qué lleva a resolver estos polos opuestos de su naturaleza? Ese es el secreto del proceso evolutivo. El rayo que controla la evolución humana por encima de los demás es el 4º rayo de la Armonía. Esencialmente la mente del hombre, el impulso interno de todas las personas, es crear armonía, unidad. Todos, según el Maestro, llevan innato el anhelo por la unidad, la armonía, la perfección, reflejando lo bueno, lo bello y lo verdadero, que es la naturaleza del alma.

El 4º rayo de la Armonía

La forma en la que esto se lleva a cabo mágicamente por medio de un gran rayo, el 4º rayo de la Armonía a través del Conflicto es proporcionando la fuerza vitalizante, la fricción que impulsa al hombre o mujer a lo largo del sendero evolutivo. Esa es la condición humana. Toda la agresión, la violencia y el odio son puntos de tensión y conflicto con los cuales luchamos. Juntos, constituyen la fricción que resulta de estar sujetos al 4º rayo de la Armonía a través del Conflicto. Al final produce armonía, tanto si se dan cuenta como si no, o si pueden conseguirlo o no. Las personas del 4º rayo a menudo están llenas de conflicto porque ejemplifican esta lucha que impulsa a la humanidad hacia adelante. Si no existe el conflicto no hay movimiento.

Por supuesto, si pudiéramos manifestar de inmediato en el plano físico la armonía del alma –el amor, la inteligencia, la voluntad hacia el bien, lo bello y lo verdadero del alma–, no habría necesidad de conflicto, pero desafortunadamente no podemos por la diferencia en punto de vibración. La materia de nuestro cuerpo, de nuestros cuerpos físico, astral y mental, durante largas eras es inadecuada para expresar el nivel vibratorio, y por tanto la naturaleza, del alma. Así no vemos lo bueno, lo bello, lo verdadero, que son la naturaleza del alma. No se les puede dar expresión.

Poseemos un instrumento que deberíamos llevar a estar cada vez más alineado, y esta lucha proporciona el fuego que lo hace posible. Eso, junto al sentido de perfección, la aspiración, nos impulsa adelante y arriba hacia algo que aún no vemos; algo que percibimos se encuentra allí, algo más elevado y más perfecto, como la tierra firme para una criatura marina. ¿Os podéis imaginar lo que significó ese paso? Es el mismo paso que para un individuo ignorante en el plano físico que todavía no conoce la naturaleza del alma o no se ve como un alma, poder imaginar lo que es ver como lo hace el alma. Es el mismo paso en conciencia.

"Sin la lucha de los opuestos y la fricción resultante, el progreso del hombre sería desde luego lento." El 4º rayo de Armonía a través del Conflicto impulsa a la humanidad hacia adelante. Es ese rayo el que trata con los pares de opuestos. La forma en la que el 4º rayo lo hace, cuando se maneja correctamente, es encontrar el sendero *entre* los pares de opuestos. Eso para la persona de 4º rayo, es el sendero ideal para resolver estos dos hechos de nuestra existencia. Esto, por supuesto, es muy difícil de conseguir. Esa es la razón por la que lleva tanto tiempo. Pero el 4º rayo es el rayo más poderoso para la humanidad en este aspecto. Pero existen otros rayos –como el 5º rayo que domina la evolución mental– pero el 4º rayo es precisamente el rayo que nos ayuda a resolver los pares de opuestos. Se realiza sin hacer demasiado hincapié en ninguno de ellos.

La persona de 4º rayo, cuando trata con los pares de opuestos, idealmente no se identifica ni con el espíritu ni con la materia. Es este hecho lo que proporciona al 4º rayo de una naturaleza inferior una apariencia amoral, de no estar involucrado en certidumbres morales. Es un estado mutable, no alineado en el cual la persona de 4º rayo no se identifica con la materia ni tampoco demasiado con el espíritu. Si no nos identificamos demasiado con el espíritu o la materia, podemos desplazarnos por el estrecho espacio entre ambos. Ese es el sendero perfecto para el desarrollo del individuo de 4º rayo.

Algo parecido tiene relación con toda la humanidad porque toda ella, cualquiera sea su rayo, está gobernada en el sentido evolutivo por este 4º rayo de Armonía a través del Conflicto. El conflicto al comienzo es necesario para crear el fuego que nos impulsa hacia delante. Sin el conflicto no habría movimiento. Pero llega un momento cuando la persona desarrollada de cualquier rayo tiene que resolver estos dos aspectos de nuestra naturaleza. Todos somos almas, y todos estamos involucrados en la materia. ¿Cómo resolverlo? Para hacerlo, os sugiero, que toméis el sendero del 4º rayo y caminéis entre los pares de opuestos, que significa no identificarse demasiado con ninguno de ellos. Significa no ser fanático. Significa, en una palabra, ser desapegado.

Desapego

Esta es la esencia del desapego, y es sólo a través del desapego que uno puede realizar ese viaje entre los pares de opuestos. Esa es la razón por la cual Maitreya coloca el desapego en el mismo centro de Su enseñanza. No sólo Maitreya; toda enseñanza de naturaleza espiritual considera el desapego como el gran método para superar esta dualidad de nuestra naturaleza –ser almas, espíritu, y materia al mismo tiempo– y así superar el conflicto y crear armonía al liberarnos de la identificación con nuestro cuerpo físico, nuestras emociones o las construcciones de nuestra mente, como el Ser. Así, en ese estado desapegado, realizando el sencillo viaje entre estos dos aspectos opuestos de nuestra naturaleza.

El desapego es la clave y la aspiración es la fuerza impulsora. El conflicto ha sido el fuego que nos impulsa hacia delante, pero la aspiración es lo que nos eleva más. Incluso un Maestro aspira. Cuál es la aspiración de un Maestro, no os lo puedo decir, pero incluso un Maestro aspira hacia algo más elevado. Incluso lo que denominamos el Dios de nuestro sistema solar aspira hacia una forma más elevada de sistema solar. El Dios, el Hombre Celestial que enalma un planeta, aspira a la idea de crear en Su planeta un mundo perfecto según Sus propias ideas de perfección. Es un proceso creativo. Al controlar los elementales físicos, emocionales y mentales que constituyen la materia de nuestros cuerpos, gradualmente ganamos control sobre este proceso evolutivo.

La clave es la radiación. Cuando llegamos a cierto punto, creamos una actividad de irradiación en la materia. Eso proviene, por supuesto, del alma. Cumple su función en el plano físico a través de los cuerpos físico, astral y mental, y todos comienzan a irradiar. Es el alma espiritualizando la materia. En cada encarnación desde ese momento atraemos a nuestro cuerpo cada vez más materia de naturaleza subatómica. Cambia gradualmente de atómica a subatómica, que es literalmente luz. Respondemos cada vez más a la luz del alma hasta que esto se vuelve dominante en nuestra vida como individuos. No nos identificamos con la materia, pero tenemos control sobre su naturaleza. A través del alma, los cuerpos dotados con la cualidad de radiación que el iniciado demuestra en cada vida hasta que se alcanza la perfección, a través de las cinco iniciaciones: la materia del cuerpo de un Maestro de 5º grado es totalmente luz. Ha llegado a la perfección en lo que concierne a este planeta. Dios en un sentido más profundo es conocido, pero también a través de la aspiración el Maestro recibe una pista, un vislumbre del camino a seguir, que se denomina el Sendero de la Evolución Superior, sobre el cual no podemos saber casi nada. A través de Su aspiración el Maestro recibe un vislumbre de ese lejano reino, o experiencia, o condición, en el que podría funcionar más luminosamente, más potentemente y más creativamente de lo que podría nunca, incluso como Maestro, en este planeta.

Esta transformación atómica procede en primer lugar a través de nuestros cuerpos físicos, luego a través de nuestro trabajo con los reinos animal, vegetal y mineral. La sustancia del planeta en cada reino se vuelve, al final, un reflejo perfecto del Hombre Celestial, el Logos de nuestro planeta, cuyo cuerpo es.

"El conflicto y la guerra, la violencia y el odio, no son sino la manifestación pasajera de la incapacidad del hombre, hasta ahora, de manifestar su verdadera naturaleza." La verdadera naturaleza del hombre es un alma inmortal, una expresión perfecta del Logos de nuestro planeta cuyas cualidades son lo bueno, lo bello y lo verdadero. Cuando todo eso se logra en todo el planeta, cuando todos los reinos de la naturaleza son perfeccionados, espiritualizados de esta manera, el trabajo del Hombre Celestial ha finalizado, y Él continúa en un trabajo más elevado en un planeta superior. Continuamos con un trabajo más elevado en un planeta superior, ocasionalmente en sistemas solares superiores, y así continua eternamente, sin cesar, hasta el infinito.

Los pares de opuestos – Preguntas y Respuestas

Versión editada de la sesión de Preguntas y Respuestas con Benjamin Creme de las Conferencias de Meditación de Transmisión 2002 celebradas en San Francisco, EEUU, y Kerkrade, Holanda.

Servicio y cooperación

¿Cómo ayuda el servicio en la resolución de los pares de opuestos?

El servicio es una de las dos principales palancas de la evolución: una es la meditación, la otra es el servicio. El servicio, de cualquier tipo, gradualmente te distancia de ti mismo. Al crecer tu servicio, se expande hacia fuera, no pierdes en contacto contigo mismo pero te preocupas cada vez menos de tu propio ego, la expresión de tu personalidad. El servicio es el impulso del alma, la concreción del propósito del alma. El alma se encarna para servir al Plan de Evolución que es espiritualizar la materia. Al encarnarse una y otra vez, el alma crea una serie de vehículos que gradualmente se hacen más competentes en llevar a cabo el propósito del alma e incrementar el rango de contactos para el alma en el plano físico. Estos contactos son puntos de servicio para la comunidad, la nación, la humanidad en su conjunto. Cuanto más elevado sea el estado de evolución, normalmente más expansivo será el ámbito de servicio. Sea un rango estrecho o amplio, permite al alma irradiar su esencia de Ser en servicio para el mundo.

El alma busca servir, inspira a su vehículo, la personalidad, a servir de formas y con medios específicos. Mientras sucede, nos volvemos cada vez menos interesados en el aspecto personalidad y más preocupados con el servicio altruista para beneficio de todos. El alma busca siempre la acción altruista, el servicio altruista. No se preocupa de sí misma y no tiene el sentido de ser un yo individual y separado. El alma no conoce la separación. Sólo ve la totalidad, y a sí misma en relación al todo. Cuando la personalidad responde correctamente al impulso del alma, busca distanciar la personalidad no sólo de los resultados del servicio sino del servicio en sí. El acto de servicio se vuelve entonces un proceso iniciado por el alma, lo que significa que la persona está trabajando con desapego, sin espejismo.

Todo tiene que ver con el desapego. Todo lo que ayuda al desapego nos ayuda a nosotros a resolver los pares de opuestos. Nada ayuda tanto al desapego como el servicio realizado de forma completamente desapegada. Entonces el alma realiza un progreso real en el plano físico a través de su vehículo. La aspiración del alma es elevada, impulsando a la persona hacia arriba. El fuego de la acción, la creación de un motor que nos impulsa hacia delante, es el conflicto que, mientras vivimos en el cuerpo físico, no podemos evitar. El conflicto continúa hasta que resolvemos los pares de opuestos. Entonces descubrimos que aquello que nos ha impulsado hacia delante ya no es necesario. Que no sólo se trata de una ayuda para resolver los pares de opuestos, es el camino, *por excelencia*, para resolverlos.

¿Es la cooperación y el consenso la forma de llegar a un arreglo con los pares de opuestos en el trabajo en grupo?

Éstas son todas preguntas muy relacionadas. La cooperación es el resultado del impulso del alma. El alma siempre busca armonía y para crear esa armonía se hace necesario el consenso. El consenso, cuando funciona correctamente, es realmente la capacidad de un grupo de personas de pensar y actuar por igual, no reduciendo sus pensamientos e ideas diferentes a una sola idea sostenida por la persona más fuerte del grupo, más bien surge cuando todas las ideas y puntos de vista diferentes del grupo se sostienen en el espacio, por así decirlo, e, intuitivamente, las almas de los individuos del grupo llegan a la realización de que tal y tal es el camino a seguir. Siempre se alcanza como resultado de la experiencia del alma.

La cooperación es una intención de grupo. El alma coopera con el Plan de evolución, se encarna para hacer avanzar ese Plan. Baja y pasa interminables eones limitada en un cuerpo físico a través del cual no puede expresar su Ser hasta que, casi al final de ese proceso, finalmente consigue conferir a su vehículo una porción suficiente de sus cualidades, de su vibración superior, para permitir así a la personalidad expresar algo más de la intención del alma.

¿La lucha entre los pares de opuestos dentro de los grupos del Emerger ha sido beneficiosa o destructiva para su propósito?

Cuando resolvemos en cualquier grado los pares de opuestos, entonces hasta ese grado ha sido beneficioso. En el punto en que este no haya sido el caso, por supuesto, podría ser destructivo.

Cada grupo sin excepción tiene fases en las que una u otra de estas condiciones podría aplicarse. No podemos decir que un grupo es siempre destructivo porque nunca resuelven los pares de opuestos, que son siempre constructivos porque siempre resuelven los pares de opuestos. No es, pienso, una pregunta real. La lucha entre los pares de opuestos es endémica, está en el mundo. Es a causa de que nosotros estemos aquí que la lucha es una lucha, porque somos almas inmersas en la materia.

En grupos de este tipo, puedes estar seguro de que los aspectos beneficiosos de esta lucha están con vosotros, porque todo lo que hagas, luches como luches, en una causa de este tipo; trabajes como trabajes, de manera totalmente eficiente o con moderada eficacia, totalmente en las líneas correctas o moderadamente en las líneas correctas, estás trabajando para el suceso más importante, la causa más importante en este mundo en los últimos 98.000 años. Nada de lo que hagas, sea la lucha que sea al hacerlo, podría ser más beneficioso que este trabajo. Esta es la oportunidad, como lo expresa Maitreya, de un millar de vidas. Nunca en un millar de vidas volverás a tener esta oportunidad. Es algo difícil de entender, se precisa una visión, una comprensión de todo lo que abarca, para ver la importancia y evocar de ti mismo una respuesta, una viveza, un espíritu, un fuego, para realizar el trabajo y continuar haciéndolo, sin nunca detenerte. Tiene que ser beneficioso.

Todos sabemos que tenemos que desapegarnos de la materia. También debemos desapegarnos del espíritu. ¿Qué pasos deben tomarse en esta dirección?

Desapegarse del espíritu es lo más fácil de hacer. Todos sabemos que debemos desapegarnos de la materia, no sabemos cómo hacerlo. Pero desapegarse del espíritu es tan sencillo. Haces lo que deseas: si deseas ganar mucho dinero, millones, y con esos millones poder conseguir más millones, puedes invertir en la bolsa, y así sucesivamente. Así es cómo te desapegas del espíritu.

La idea de la materia es algo que podemos comprender, pero la idea de espíritu es más difícil de captar. ¿Así que qué hacemos? Lo rodeamos de una luz de color. Se convierte en parte de nuestra capacidad de visualizar. Podemos visualizar un gran ideal espiritual. Éste es nuestro cuerpo emocional trabajando con nuestra idea del espíritu. Vemos al espíritu como inasequible o, inalcanzable, por lo que sólo se puede conseguir un tenue logro. Lo consideramos como un ideal. Es nosotros en lo mejor. Tenemos la idea de que Dios nos está observando todo el tiempo. Cuando estamos solos quizás tenemos una experiencia espiritual: no queremos robar el dinero de otra persona. No nos sentimos envidiosos o avariciosos, nos sentimos completos. No hay nada que queramos o necesitemos, simplemente somos felices, alegremente felices, no deseando nada. No queriendo ser buenos, pensando: "Debo ser bueno". Es algo que se hace sin esfuerzo, y permaneciendo sin esfuerzo, estamos en espíritu y no necesitamos comprenderlo.

Apegarse al espíritu, es desearlo, comprenderlo, así que ya no es un punto de vista desapegado del espíritu más de lo que es un punto de vista desapegado de la materia. Es aprender a ser tú mismo totalmente sin ninguna necesidad, deseos, sin ningún tipo de exigencia, sea de una naturaleza espiritual o material. Cuando tenemos eso, tenemos el andar correcto entre los pares de opuestos. No es algo a lo que renunciamos, es algo que no usurpamos porque es un estado dado, un estado muy simple. Pocas personas pueden ser lo suficientemente sencillas para no desear algo: ser alimentadas, nutridas, ser aceptadas o amadas, ser cuidadas, admiradas. La mayoría desean algo de cada situación. Simplemente ser felices en Ser es un estado maravilloso, un estado desapegado. No apegado al espíritu, porque no lo buscamos, nunca soñaríamos en llamarlo un estado espiritual, es simplemente ser felices como un niño es feliz jugando con juguetes, construyendo castillos de arena, sin pensar en sí mismo, totalmente absorto. Dicha completa, concentración en el momento, así es cómo se anda entre los pares de opuestos.

Conflicto

¿Cuál es el papel del conflicto en relación al trabajo grupal, la iniciación grupal? ¿Dónde uno traza la línea entre un conflicto bueno y uno malo?

En realidad no existe el conflicto malo pero tampoco existe el conflicto bueno. La vida te proporciona el conflicto tanto si te gusta como si no y así si la vida lo proporciona, no es ni bueno ni malo, es la vida, tenemos una vida, *c'est la vie*. Ese tipo de conflicto no tiene valor en el sentido de ser bueno o malo. Es sencillamente algo a lo que debemos enfrentarnos. Eso es la vida y viene con ella. El conflicto es aquel que creamos con nuestras 'malas' acciones, nuestro odio, nuestra violencia, nuestro desagrado por ciertos individuos. Sea lo que sea, creamos conflicto. Todos lo hacemos, por supuesto, una y otra vez, durante todo el día, todo el tiempo. Ese no es el tipo de conflicto al que me estoy refiriendo.

Ese conflicto es 'malo', pero no es el conflicto que constituye el fuego del proceso evolutivo. Ese lo proporciona la vida sencillamente porque formamos parte de la vida, somos almas en encarnación. Vivimos a los pies de las laderas de, digamos, el Monte Etna. Sabemos que el Etna es un volcán activo, sabemos que tendrá una erupción en algún momento. Sabemos que tarde o temprano, la lava fluirá y sólo esperamos que nuestra familia pueda escapar a tiempo. Algunas veces eso sucede, algunas veces nos coge por sorpresa. Suceda lo que suceda, es algo de lo que no tenemos control. La vida nos proporciona con este acontecimiento que nos produce conflicto. Aparece un huracán surgido de la nada, y no hay nada que podamos hacer para detenerlo. Es parte de la vida en el plano físico. Eso produce conflicto, ansiedad, desarmonía, y por supuesto destrucción. Pero eso es la vida, no es algo que hayamos creamos.

El Sr. Bush, el presidente de EEUU, ha creado un enorme conflicto y ansiedad en los últimos pocos meses sobre si atacaría Irak o no. Él desea atacar Irak y probablemente lo hará, digan lo que digan los demás. Él ha creado un enorme caldero de desarmonía en el mundo que ahora forma parte de su karma. Él lo ha creado, pero no era necesario, eso no forma parte de la vida.

Para nosotros, ahora, por supuesto, forma parte de nuestra vida. Podemos escoger cómo abordarlo, pero ya que somos ciudadanos de países, estos conflictos se vuelven parte del conflicto de nuestras vidas para nosotros. No tenemos responsabilidad kármica personal porque no pusimos en marcha este conflicto. Pero, dependiendo de nuestro punto de vista, si estamos a favor o en contra de la guerra, contribuimos a ese conflicto. Si pensamos, bueno, Saddam Hussein es un hombre malvado, (de lo que no tengo la menor duda), es algo bueno si los norteamericanos nos lo quitan de nuestras espaldas. Dejadle que lo hagan. Ese debe ser el punto de vista de muchísimas personas. Si piensas que es algo bueno estás contribuyendo al conflicto que él está poniendo en marcha.

Así que depende a lo que nos refiramos con conflicto. Si lo hemos puesto en marcha nosotros, es nuestro conflicto, y sufrimos las consecuencias. Si es parte del conflicto de la vida, proporciona el fuego del proceso evolutivo, a través del gran rayo, Armonía a través del Conflicto.

¿Cuál es el papel del conflicto en relación al trabajo grupal? El conflicto que el grupo puede resolver que son los conflictos de la vida, son beneficiosos para el grupo y lo mejor es resolverlos, yo sugeriría, andando cuidadosamente por la línea entre los pares de opuestos, sin apegarse ni al espíritu ni a la materia, moviéndose entre los dos de la forma más desapegada.

¿Podría comentar más sobre lo que quiere decir con el sendero del medio?

No es realmente un término que yo utilizo, pero fue utilizado por el Buddha, que ya es lo suficientemente bueno para mí. El sendero del medio trata esencialmente del desapego. Es el sendero en el cual todo lo que hacemos, lo vemos desde el punto de vista de límites, de decoro, de no excesos, así que no nos vamos demasiado en una dirección u otra. Es el sendero de la tolerancia, el sendero no fanático. Considera el fanatismo como algo desagradable y obstruccionista para el sendero. El sendero del medio es el sendero que es tolerante, refinado, y tiene un sentido de la proporción.

No es el sendero del medio si es intolerante de los opuestos, o ve todo en blanco y negro y en total oposición. El sendero del medio ve semejanza donde hay semejanza, y opuestos donde hay opuestos, pero sin llevarlo demasiado lejos. El sendero del medio es el sendero de la cordura, el sendero sobre todo, del desapego y de un sentido de la proporción.

Hemos notado que cuando estamos en conflicto, si nos desapegamos, los pares de opuestos se resuelven. ¿Por qué es tan difícil el desapego?

El desapego es difícil porque estamos inmersos en la materia. Si el alma se expresara totalmente a través de la materia, el polo opuesto, no encontraríamos difícil desapegarnos. Sería automático porque el alma está totalmente desapegada. Está llena del amor de Dios. Se encarna para llevar a cabo el Plan de evolución. Pero no está apegada a nada. El alma no tiene sentido del tiempo. No tiene prisa, no nos presiona.

No obstante, existen formas y medios para que el alma nos presione y ocasionalmente lo hace. Podría dotar a su vehículo con una severa inhibición, tanto física, emocional o mental, o todas juntas. ¿Por que se manifestaría el alma a través de tal cuerpo? Exceptuando los hechos de accidentes que tienen lugar durante el nacimiento, el alma podría hacer esto porque hubo una sucesión de vidas en donde la persona realizó poco o ningún progreso. El alma podría inhibir el progreso hasta que la persona haya resuelto el karma. El alma podría entonces regresar a una vida donde realizaría un gran avance. Una vida en el plano físico de extrema limitación causada por la enfermedad, la dolencia o la disfunción podría ser el preludio de un gran avance.

¿Por qué es tan difícil desapegarse? Es difícil porque es difícil. Si fuera fácil, todos podrían hacerlo. No es fácil porque las personas están apegadas –todos están apegados. Estamos apegados al cuerpo físico que vemos: nos identificamos con él, queremos preservarlo. El instinto de supervivencia es muy fuerte. Es el mayor instinto para preservar el cuerpo, para que así no crucemos la calle delante de un coche o autobús. El instinto de supervivencia tiene que ser muy fuerte, de otra manera no existiría la vida.

Tomamos nuestras emociones seriamente. Pensamos que son reales, pero no lo son. Cada emoción que tenemos es el resultado de un espejismo, una fantasía. Tan solo es como un sueño. Mucho del tiempo que permanecemos dormidos estamos soñando. Entonces nos despertamos y decimos: "Oh, gracias a Dios. Eso era terrible. Estoy contento de que sólo fuera un sueño". Lo creamos. Es todo simbólico. Se relaciona con nuestros temores o situaciones de nuestra vida cotidiana. Si tiene mucho peso, lo soñamos una y otra vez, quizás durante toda la vida. No es más que la reconstrucción de algo que nos inquieta, que lo ha hecho quizás desde nuestra niñez, que no hemos sido capaces de afrontar mientras madurábamos, que nuestra madre o padre hizo o no hizo, algún trauma. O los sueños pueden derivarse de sucesos del mundo cotidiano que nos molestaron, que nos enfadaron o entristecieron, o produjeron lástima de nosotros mismos.

Todas estas emociones son irreales. Cuando entran en nuestros sueños son tan irreales como lo eran las emociones mismas. Nos las creamos para nosotros mismos por la facultad de crear pensamientos que tiene la mente humana. Es sólo en el sueño profundo cuando la mente inferior realmente está descansando, de otra forma está activa en mayor o menor grado. Cuando más cerca estamos de despertarnos, más activa se vuelve la mente inferior, teniendo lugar los sueños más intensos justo antes de despertarnos.

La gente toma sus sueños y emociones seriamente. Piensan que tienen que tenerlos. No tenemos que tener ninguna de nuestras emociones. El sentimiento del corazón es algo completamente diferente de las emociones del cuerpo astral/emocional. Las emociones crean el espejismo que significa tal peso para la humanidad. Pero no tenemos que estar apegados. Podemos desapegarnos. De eso trata la evolución.

Tan pronto como alcanzamos el grado de iniciación de 1.5-1.6, comenzamos a descubrir que aquello que parecía imposible de tratar cuando teníamos 1.2 o 1.3 se hace más fácil. Sentimos las emociones, pero no nos superan tanto ni tan a menudo. Todavía las tendremos, pero perderán su intensidad, y descubriremos que podemos desapegarnos de ellas de una manera muy sencilla. Simplemente pregunta: "¿A quién le está sucediendo esta emoción? A mí. ¿Quién soy yo?" Tan pronto como preguntamos: "¿Quién soy yo?" desplazamos el punto de identificación y creamos un espacio entre nosotros y la experiencia de la emoción. Si lo hacemos constante y concienzudamente con todo lo que evoca una emoción, descubrimos que podemos distanciarnos de ellas. No tienen efecto, o si lo tienen, sólo es por unos pocos minutos. Ya no gobiernan más nuestras vidas.

El plano astral es el asiento de la conciencia de la persona que está astralmente polarizada. Si están dotadas de imaginación astral, los problemas crecen. Crece y crece, y encontramos todos los libros que decoran las estanterías de las librerías esotéricas, las tonterías astrales que se presentan como sabiduría y experiencia por miles de personas.

Lo que tiene valor es lo real, y eso sólo se consigue cuando estamos desapegados. Si miramos a algo cuando estamos desapegados, obtenemos una experiencia completamente diferente de ello. Cuando estamos apegados lo vemos con una subjetividad total, tomamos de ello lo que nos apetece. Queremos contentarnos, así que tomamos lo que nos contenta, nos hace sentir mejor.

Si lo miramos con desapego podríamos ver, quizás, que no tiene nada que ver con nosotros, no tiene nada de valor para nosotros. No necesariamente es irreal, pero no tiene valor para nosotros. Lo que tenemos que hacer es aprender a trabajar más objetivamente, más en conexión con el Plan de evolución que dirige todo. Tenemos libre albedrío pero el truco es adaptar nuestro libre albedrío a la voluntad de Dios. ¡Parezco un clérigo! Cuando digo Dios, no me refiero al anciano con una barba. Me refiero a las leyes que son Dios, el Hombre Celestial, y las leyes que Él ha puesto en movimiento que crean nuestro planeta. Si miras objetivamente Su línea de acción, lo que significa Su Plan, Su conciencia despierta de lo que podría ser o sería, y buscas llevarlo a cabo objetivamente como algo que nos sentimos capaces de hacer, entonces se trata de una historia completamente diferente a mirarlo subjetivamente.

En términos de conflicto, ¿cómo ve usted las guerras?

Tenemos que saber que las guerras son malas e innecesarias. Cuando tienen lugar, actúan como parte del conflicto que impulsa a la evolución. Sin embargo, puede haber todo tipo de conflictos sin guerra, que es conflicto llevado al exceso, el deseo de algunos grupos de librarse de grupos que piensan de forma diferente. O podría simplemente ser la forma más rápida de tomarlo todo para uno mismo, simplemente librarse de la oposición. La cuestión es que las armas modernas son tan destructivas que la guerra ahora se convierte en una gran amenaza para existencia continuada de la raza humana.

El conflicto normalmente es considerado algo malo por la sociedad, pero realmente es una señal de la viveza si puede provocar la necesaria comunicación o diálogo para ocasionar el cambio. El conflicto es un proceso que puede conducir a la armonía. El conflicto militar –falta de diálogo– no puede tener éxito. Yo creo que todos pierden en la guerra moderna.

Cuán cierto. La cuestión es, el conflicto es considerado algo malo, pero la gente tiene un punto de vista demasiado limitado del conflicto. El conflicto es realmente el campo de batalla de nuestra vida. No tiene que haber guerra. No tenemos que eliminar a nuestro enemigo. Incluso no tenemos que tener un enemigo para tener conflicto. Tan solo con ser un alma en encarnación, hay suficiente conflicto en esa situación para proporcionar el fuego que nos impulse adelante en evolución.

Si tenemos la aspiración que nos impulsa arriba hacia un estado más elevado de nosotros y de la vida, la comunidad en la que vivimos, el conflicto no debería significar guerra. Por supuesto, a menudo lo es cuando la humanidad está involucrada. Es aún algo fácil ir a la guerra por razones equivocadas. Si nos invade otra nación, la guerra es casi inevitable. Tenemos que repeler al invasor. Llamamos a fila al ejército, y esperamos que ganen y que el invasor regrese a su hogar.

El problema aquí, en EEUU, es que tenéis este inmenso país, Norteamérica, y las 'Torres Gemelas' fueron destruidas. Unas 3.000 personas perdieron sus vidas que, realmente, es una tragedia, y es traumático de la forma en que sucedió, pero reaccionáis como si toda Norteamérica hubiera sido invadida por otra nación. ¿Así que tenéis que hacer la guerra al invasor, al que llamáis terrorismo, contra Afganistán, Irak… y otros? El terrorismo es considerado como un invasor en este país. Tenéis que verlo con un sentido de proporción. El terrorismo se encuentra en todas partes. Y uno debe reconocer las causas del terrorismo.

Si vives en Gran Bretaña, en España u en otros países, donde han estado estallando bombas regularmente durante años, no reaccionas igual, no es agradable, y la gente muere. La bombas del IRA han estado estallando durante años en sitios como Belfast, que fue devastada por los terroristas. Londres, Manchester y Birmingham también fueron blanco de ataques terroristas, pero tenemos sencillamente que continuar con la vida, entretanto, intentando hacer la paz con los perpetradores, que con optimismo, parece ser, finalmente está teniendo lugar.

Los británicos no bombardearon Irlanda porque el Ejército Republicano Irlandés estaba bombardeando Gran Bretaña, ni tampoco el Reino Unido ha bombardeado Norteamérica ya que la principal fuente de financiación del IRA provenía, y todavía proviene, de los irlandeses norteamericanos. Si la lógica de vuestro gobierno es que cualquiera que 'protege' el terrorismo está sujeto a ser bombardeado, entonces el Reino Unido debería haber bombardeado Irlanda y Norteamérica hace mucho tiempo.

Lo que intento decir es que el conflicto no tiene que significar guerra. Tendemos a pensar en el conflicto en términos de guerra. Ciertamente el Maestro habló sobre violencia y odio, y la violencia y el odio es conflicto. El narcotráfico, el crimen, todo eso es violencia y crea odio, separa sociedades, aquellos que tienen, aquellos que no tienen, los "ricos ostentan su riqueza ante los pobres" como lo indicó Maitreya. Eso crea conflicto. Eso es algo a lo que este país nunca ha despertado.

La dominación de la sociedad mundial a través de la inversión y la globalización produce conflicto. No tiene que haber un atentado terrorista como el 11 de Septiembre. Produce el conflicto que resulta en dolor y sufrimiento de un grupo en manos de otro. Tenemos que ver el conflicto en los términos más amplios, no sólo en términos de guerra. Todo lo que produce desarmonía, discordia y odio, y lo opuesto a buena voluntad, es conflicto.

Todos estos sucesos, porque somos almas en la materia, producen el fuego que nos impulsa rápidamente por el sendero evolutivo. Si podríamos empezar del comienzo y hacerlo directamente, desapegados todo el camino, lo haríamos sin conflicto y crearíamos armonía. No tenemos que tener conflicto. Armonía a través del conflicto. Ese es el resultado del rayo, pero la armonía es posible teoréticamente. Por supuesto, no sucede porque pocos están ya en un punto en el que no se ven afectados por la desarmonía.

Ahora nuestro mundo parece estar en crisis, con los pares de opuestos nunca más claros: materialismo feroz y pobreza abyecta. La Espada de la División de Maitreya fuerza a la humanidad a realizar una elección –debemos compartir o morir. ¿Podría comentar sobre esto?

Las personas no comprenden el dicho de la Biblia: "No vengo a traer paz sino una espada [La Espada de la División] Enfrentaré a hombres contra hombres, hijos contra padres, hermanos contra hermanos". Es una forma pictórica de afirmar un gran hecho, que la humanidad no ve el camino a tomar, no sabe el mejor camino a tomar porque no tiene sentido, juicio, ni tolerancia, está pobremente educado y así tiende a escoger el camino equivocado –no todo el tiempo, por supuesto, pero la mayoría de las veces. Acaba en terrible calamidad o guerra. Si supiera el camino, iría en otra dirección. Habría por supuesto conflicto, pero no conduciría necesariamente a la guerra y a la destrucción masiva.

La Espada de la División, aunque parezca mentira, es la realidad pero quizás no la que uno espera. La Espada de la División es realmente la energía del amor. La energía del amor es la espada que crea división en el mundo. División es diferencia, separación, y a la vez, cuando la comprendemos, esa energía es liberada al mundo por Maitreya que es el Avatar del Amor. Él libera ese amor en el mundo y estimula a todos, sin excepción, al bueno, al malo, al altruista, al egoísta, al codicioso, al desinteresado, etcétera. Todos son estimulados. La energía misma es puramente impersonal, no es buena ni mala. Es una energía que estimula, junta a todas las personas, las partículas de materia que mantienen unido al mundo. Las partículas de materia de nuestro cuerpo se mantienen unidas por esa misma energía. Es Dios el Hijo, el aspecto Cristo, el aspecto Conciencia. Eso une y sujeta las partículas de materia sin las cuales no habría mundo, y cuando se libera de forma masiva como ha estado sucediendo durante muchos años, crea la Espada de la División.

Estimula lo bueno, y las personas miran a lo bueno y ven lo bueno, pero también estimula lo malo, y las personas miran a lo malo, y ven lo malo. Es un rasgo humano mirar a lo malo y decir: "Usted dice que el mundo está cambiando para mejor, pero no veo más que guerra, y rumores de guerra y nuevas enfermedades y viejas enfermedades, y personas perdiendo sus empleos e inmigrantes que vienen de otros países y se llevan nuestros puestos de trabajo y todo empeora. No cabe duda de eso. Todo está empeorando, más materialista, hay corrupción por doquier, mirad a Enron, WorldCom y otros, toda esta corrupción aflorando en las grandes empresas. Ves el crimen callejero, la drogadicción, creciendo en todo el mundo. No puede usted decir que el mundo está mejor. Tiene que estar peor".

Para ellos va a peor porque sólo ven lo peor. Pero al mismo tiempo si pudieran observar con ojos cultos, verían un nuevo mundo, verían diferencias, más tolerancia, nuevas ideas, verían a personas como Nelson Mandela liberado después de 27 años, el fin del apartheid, la reunificación de Alemania, la división en estados autónomos de la Unión Soviética que fue impuesta al pueblo de Rusia. El mundo ha cambiado de forma espectacular. La Guerra Fría ha acabado. Norteamérica y Rusia son, quizás no amigos, pero amables. Pueden andar juntos, beber juntos.

Todo ello es la acción de la ley del amor. Esto crea la Espada de la División para que la humanidad pueda ver claramente cuál es la elección: ¿compartimos y recreamos el mundo, haciendo posible que todos los pueblos puedan vivir juntos en paz y abundancia, *donde nadie carezca de nada; donde cada día sea diferente; donde la Alegría de la Fraternidad se manifieste a través de todos los hombres"*, como dijo Maitreya [Mensaje Nº 3]? ¿O continuamos con la corrupción y la miseria, y finalmente presenciar la aniquilación de nuestro mundo? Esa es la elección a la que se enfrenta la humanidad. Maitreya resaltará esto y la gente lo verá claramente. Pero la gente puede verlo claramente incluya ahora. En lo que concierne a Maitreya, ellos ya ven la elección que debemos hacer: entre compartir y justicia para todos o una creciente brecha entre los pueblos y una guerra que destruiría toda vida. Esa es la Espada de la División.

Los pares de opuestos nunca estuvieron tan claros. Estos opuestos, materialismo feroz, bolsas que se tambalean por la abrumadora codicia, y al mismo tiempo millones de personas que mueren de hambre. La Espada de la División de Maitreya forzará a la humanidad a realizar una elección: compartir o morir. Él lo afirmó claramente: *"Los hombres deben compartir o morir. No hay otro camino"*. Cuando caigamos en la cuenta de que compartimos o morimos, por supuesto aceptaremos compartir y eso creará las condiciones en las cuales todos podamos vivir en paz.

El conflicto resalta nuestros espejismos. ¿Acelera el proceso de liberarse de los espejismos

El conflicto acelera el proceso de liberación de los espejismos por su dolor, por su sufrimiento. Cuando la humanidad vea con claridad que ya no podemos permitirnos tener un tercio de la humanidad viviendo en la abundancia y dos tercios viviendo en la pobreza abyecta, cuando ya no podamos soportar más ese espejismo, las cosas cambiarán. No podemos continuar así. Si lo intentamos, destruirá toda vida sobre el planeta. Esa quizás es la principal razón por la que Maitreya está ahora en el mundo. Si hubiera esperado más podría haber sido demasiado tarde. Descubriréis que Su elección del momento es perfecta.

¿Podría por favor explicar la diferencia entre los conceptos de solución y resolución como una forma de abordar el conflicto de los pares de opuestos?

No trata de solución, sino de resolución. Nosotros resolvemos la aparente dicotomía entre espíritu y materia tan pronto como cesamos de verlos como una dualidad, que sólo en un sentido relativo lo son. Existe la mónada y su realidad espiritual, y existe el plano físico y su realidad material. Desde el punto de vista de la mónada, el plano físico no es una realidad. Es una sombra, como en una pantalla de cine. Vemos lo que parecen personas, pero sabemos que no son personas. Existe una pantalla plateada, y vemos proyectado en ella todo un espectáculo de sombras. Vemos valles y montañas y vaqueros disparándose entre ellos. Parece real pero no lo es. Así es cómo el alma ve el plano físico.

No es real para el alma, sólo relativamente real. Todas las personas están allí, los árboles y las casas están todos allí, pero la visión del alma observando es que todo es uno, todo tan solo una obra de sombra en movimiento. Es como una obra, no tan seria. Por más seria que nos la tomemos, vista desde el alma nos haría sonreír por los acontecimientos porque son tan estrafalarios. Es leve y despreocupada y poco importante, insustancial. Cuando nos elevamos cada vez más, existe cada vez menos forma, menos sustancia, pero cada vez más realidad y significado. Aquí tenemos forma densa y sustancia interior trivial. Desde los planos superiores, parece insustancial e irreal, pero aquí es muy sólido y real. Las cosas que vemos y tocamos y abordamos, desde locomotoras hasta tanques, son reales, cosas grandes y pesadas. Pero desde el punto de vista del alma, todo es como un tipo de juego, un juego de niños que se está jugando, que tiene relativamente pocas consecuencias.

Lo que tiene consecuencias en el plano del alma es la realidad del Plan. El alma, sin ninguna prisa y bajo ninguna presión o estrés, está involucrada en llevar a cabo el Plan. Ve y conoce el Plan, y es responsable de las acciones de su vehículo para llevarlo a cabo. Tenemos libre albedrío en este nivel y a menudo no respondemos. Malgastamos vidas, lo que es una pena.

Regresando a la pregunta, explicar la diferencia entre los conceptos de solución y resolución, en la naturaleza no hay solución. Hay resolución. Es llevar todo conflicto a un estado de equilibrio. La naturaleza crea equilibrio y cada vez que el equilibrio se altera, tiene que hacer algo para restablecerlo. Ese algo puede ser una tormenta o un tifón, pero restablece, no una solución, sino una resolución del desequilibrio. Es un proceso creativo, inestable en un cierto sentido, pero eterno. No obstante está continuamente cambiando dado que la vida es capaz de crear un vehículo más elevado para su expresión. Es una cuestión de la vida misma, y del vehículo a través del cual se expresa. La evolución avanza a través de la creación de vehículos más adecuados para la expresión de la vida. Eso es creatividad. La esencia del Plan es que es creativo.

Los pares de opuestos están allí para que podamos reconocer el sendero entre ellos. ¿Es esto correcto?

¡Esa es la razón por la que han estado allí desde el mismísimo comienzo! Dios dijo: "Aquellas personas alrededor del año 2002 son bastante listas, pero no lo suficiente. Tienen que reconocer el sendero entre los pares de opuestos. ¿Así que qué haré? Ya lo sé. Crearé pares de opuestos. Tendremos espíritu, y tendremos materia. Los juntaremos y ellos encontrarán el sendero entre los dos". Eso es. Los pares de opuestos están allí para que podamos reconocer el sendero entre ellos. ¡Bueno, esa es una forma de expresarlo! ¡Mística!

Las prioridades de Maitreya utilizan este método de seguir el sendero del medio entre los pares de opuestos. Por ejemplo, Maitreya dijo que lo que se necesita es tomar lo mejor del capitalismo y lo mejor del comunismo y sintetizarlo en un sistema combinado.

Él no dijo exactamente eso, pero sé a lo que usted se refiere. Él dijo que un carro no puede andar si sólo tiene una rueda. Necesitas dos ruedas: una rueda la denominas capitalismo, la otra rueda la denominas socialismo. Si no tiene las dos, no andará.

He preguntado a mi Maestro sobre el equilibrio relativo entre estas dos fuerzas para conseguir el mejor tipo de socialdemocracia o democracia socialista, que Maitreya anunció como el método futuro que sería adoptado por le mundo, y que ha sido adoptado por la mayoría de estados en Europa. Le pregunté por la mejor proporción y Él dijo: "Bueno, ¿qué piensas tú?" Lo pensé: "Digamos un 30 por ciento de capitalismo y un 70 por ciento de socialismo". Él dijo: "Exactamente eso. Eso es lo mejor". Setenta por ciento de socialismo que proporcione el método para tratar con las grandes instituciones sociales dependientes como el transporte, la energía y el agua, etcétera. Y la guinda, los artículos de lujo, más o menos, de la vida, el resultado del 30 por ciento de la iniciativa privada.

Aspiración

La naturaleza de la aspiración podría describirse como el deseo de mejorar. ¿Cómo se relaciona la aspiración con el desapego? ¿Cómo podemos aspirar y estar desapegados al mismo tiempo?

Depende del nivel de nuestra aspiración. Alguien que tiene 0.6 o 0.7 tiene la aspiración de tomar la primera iniciación. Todo lo que haga será relativo al grado desde 0.6 a 1. Alguien que ya tiene 1 deseará tener, digamos, 1.5, 1.6 y estar mentalmente polarizado, o 2. Si eres 1, ¿por qué no aspirar a 2? Si eres 2, ¿por qué no aspirar a 3? La aspiración misma cambia, depende en dónde estemos, y a quién está inspirando.

La persona que está más o menos dominada por su mecanismo astral, si aspira, será una aspiración que no será muy desapegada. Se relacionará con sus anhelos astrales, que son irreales, pero reales para esa persona. Desde un punto de vista superior son irreales. La aspiración es real hasta el punto a donde llegue, pero no es una aspiración desapegada.

La aspiración más avanzada de un individuo más evolucionada será relativamente más desapegada. Cuanto más desapegada esté la persona, más pura será la aspiración. La aspiración no estará orientada hacia uno mismo, será altruista, orientada hacia el alma y para el bien de todos. Si lo consideramos en términos de la aspiración de una persona que está astralmente polarizada, de la de alguien que está mentalmente polarizado y de una persona que está espiritualmente polarizada, obtenemos tres tipos diferentes de aspiración. Todas serán aspiración pero habrá grados de desapego. Los astralmente polarizados buscarán los resultados de la aspiración, lo querrán por un propósito. Una persona con aspiración mental estará más desapegada, y tendrá menos anhelo por resultados, y la aspiración de la persona con polarización espiritual será totalmente pura y tendrá que ver con la mejora de la vida para todas las personas. Será una aspiración para mejorar sin ningún apego personal.

De igual manera, los Maestros también aspiran. ¿Es también el desapego para Ellos un tema a tener en cuenta?

Los Maestros están totalmente desapegados, eso es lo que los convierte en Maestros. Si los Maestros estuviesen apegados a Sus aspiraciones, no serían Maestros. Es la conciencia despierta y el control de los Maestros de los diferentes planos lo que explica Su desapego. Él no tiene el problema del desapego pero estoy seguro de que tiene otros problemas: de visualización, de ser consciente de lo que hasta entonces Él no tenía conciencia, al igual que nosotros. No podemos imaginar lo que no podemos imaginar. Él tiene mil formas y medios de ser consciente que de momento nosotros no los tenemos.

¿Podría comentar sobre las diferencias entre la idealización y la aspiración?

La aspiración continúa a través de la vida, a través de la vida del Maestro, y así hasta la eternidad. Es una función del espíritu aspirar a algo diferente, algo más allá. Hasta que no vamos más allá no sabemos que existe un más allá. Si limitamos la conciencia, la fuente, aquello que denominamos Dios, a lo que imaginamos de Dios entonces estamos rebajando a Dios a prácticamente nada, porque no podemos imaginar, con el mayor de los esfuerzos, la naturaleza de Dios. Hemos visto el Amor de Dios, hemos visto la Sabiduría de Dios, no hemos visto la Voluntad de Dios. ¿Podemos imaginar la Voluntad de Dios? ¿Sabemos lo que es la Voluntad de Dios? La Voluntad es el Propósito. El Buddha mostró la Sabiduría de Dios, Maitreya mostró el Amor de Dios a través de Jesús. Maitreya ahora mostrará la Sabiduría, el Amor y la Voluntad de Dios. Esa es la nueva revelación que Maitreya trae. La Voluntad de Dios es algo de lo cual la humanidad apenas ha pensado hasta ahora. Pensamos que guarda relación con lo que sucede cuando hay un huracán o una erupción volcánica. Decimos es "la Voluntad de Dios", pero no tiene nada que ver con la Voluntad de Dios. La Voluntad de Dios es algo completamente diferente. Dejaré que Maitreya delinee con el tiempo la Voluntad de Dios. En el corazón de nuestra existencia yace un inmenso secreto que es el Propósito de la Vida, el Propósito de Dios. Eso es lo que Maitreya trae esta vez al mundo.

La idealización es la capacidad de la mente humana de idealizar, de visualizar un estado aún inexistente, y eso no es lo mismo que la aspiración. La capacidad de idealizar, o de idear, está estrechamente relacionada con la cualidad de la aspiración pero depende del nivel, como he dicho anteriormente. La idealización de una persona que está astralmente polarizada es diferente de la de alguien mentalmente polarizado, y nuevamente diferente de alguien espiritualmente polarizado. Tenemos que tener en cuenta todo eso.

¿Cuál es la diferencia entre aspiración e instinto en los animales?

La aspiración y el instinto no son exactamente lo mismo. Están relacionados, por supuesto. Las bandadas de pájaros en vuelo están guiadas por el instinto y por el uso de ciertos factores como la posición del sol, que ellos recuerdan por instinto. Los más viejos enseñan a los más jóvenes, y siguen por instinto, y así son capaces de navegar por el globo. Eso es instinto, pero no es lo mismo que aspiración. Los animales y las criaturas evolucionan a través del instinto, que está por debajo del umbral de la conciencia. La aspiración de un pez de salir del mar y convertirse en un mamífero es aspiración, aunque en ese nivel funciona como un tipo de instinto. Aspira hacia una función superior, una movilidad superior. Volar es uno de esos sueños que tiene la humanidad porque sabemos que realmente somos inmateriales. Estamos en un cuerpo material, pero esencialmente somos ingrávidos. Es una aspiración hacia la luminosidad, hacia la cualidad de la luz misma, la cualidad de la vida sin la forma. Es un reconocimiento de que la verdadera naturaleza de la vida está fuera de la forma.

La forma hace la vida visible. Reconocemos la vida por su impacto en nuestras vidas a través de la forma. Todos han soñado que existe una cualidad de vida en la cual no existe la forma. Existe conciencia pero no forma. Existen Vidas colosales en nuestro propio sistema solar que realizan actividades de tremendo valor y creatividad, que no tienen ningún tipo de forma alguna. Sólo reconocemos aquello que tiene forma porque tenemos visión limitada.

En la primera raza, la lemuriana, la humanidad tenía que desarrollar el cuerpo físico. Ahora nos movemos, actuamos, corremos sin pensar en ello. Está por debajo del umbral de la acción consciente. En el plano mental trabajamos con ideas, raciocinio. Nuestra ciencia está construida sobre la comprensión de las leyes que gobiernan ese nivel de pensamiento. En esos niveles sabemos que podemos pensar, construir ordenadores, la nave espacial que girará alrededor de la Luna o de Marte, y que puede ser traída de vuelta a la Tierra. Podemos confiar que podemos hacer eso. Es utilizar la mente concreta para crear artefactos, sabiendo que hará el trabajo de forma exitosa.

Existe un nivel de conciencia que no utiliza el raciocinio y el cálculo. Existe una cualidad mucho más abstracta, la intuición, que proviene del alma. La próxima raza no pensará como pensamos nosotros sino que utilizará la intuición. Las personas más avanzadas de esta raza ya están utilizando la intuición hasta cierto punto. Utilizamos el término 'intuición' muy libremente. Lo vemos como una función de la mente, cuando en realidad viene del nivel búdico de conciencia, el alma.

Se refleja en el plano astral sosegado, es saber sin saber, sin incluso pensar. Sabemos porque sabemos porque sabemos. Actualmente tenemos que utilizar tanto nuestra mente racional y aquello que denominamos una mente intuitiva. Con el tiempo el pensamiento, la mente racional, el ordenador, caerá por debajo del umbral de la conciencia, y intuiremos inmediatamente y sabremos la respuesta sin pensar en ello.

¿Podría comentar sobre la relación entre el deseo y la aspiración, y sobre la complacencia y la aspiración? ¿Qué sucede allí? ¿Hay una falta de fricción en las personas que son complacientes?

La aspiración es deseo, pero el deseo está orientado hacia el yo y la aspiración no. Está orientada hacia un nuevo estado, un estado liberado, mejor, algo por encima de lo actual. No está orientado hacia uno mismo como: "Deseo ser un mejor esto o ser aquello". Eso sería deseo. Es un anhelo abstracto por un mejor estado de Ser, no tiene que ver con este individuo. El individuo tiene deseo, pero el individuo desapegado tiene aspiración. Esa es la esencia de la espiritualidad de un individuo desapegado.

Hay una meta involucrada, ¿correcto?

El 6º rayo del idealismo domina la vida de Norteamérica. Norteamérica vive a través del vehículo de la personalidad. Esa es la realidad actualmente. El principio de deseo es extremadamente poderoso como se expresa a través del pueblo norteamericano: el deseo por la riqueza, por el dinero, por el control, el deseo de ser el mejor y el más grande, de ganar. Todo eso es deseo de la personalidad. La aspiración del alma de Norteamérica, que es de 2º rayo, es bastante diferente: es de servir al mundo, de ayudar, de convertirlo en un sitio mejor. Se le da poca oportunidad porque la personalidad es tan poderosa, lo impregna todo, que el aspecto alma sólo se expresa de vez en cuando, como, por ejemplo, en el Plan Marshall [el 'Programa de Recuperación Europeo', la ayuda económica norteamericana para la reconstrucción de Europa después de la Segunda Guerra Mundial].

El mundo, tal como lo expresó el Maestro Djwhal Khul, está esperando a que el aspecto alma de Norteamérica se manifieste. Cuando lo haga, recogerá las ideas del Cristo, y tan pronto como pueda hacerlo, las pondrá en práctica a través de su personalidad. El alma proporciona la visión y la vitalidad espiritual para hacerlo, pero el deseo de todavía ser el mejor, de dar lo mejor al mundo, mejor de lo que nadie haya dado, la más bella libertad, la mejor justicia que haya habido jamás, esa ambición proviene de la personalidad. Lo veréis.

Norteamérica será uno de los que haga los mayores sacrificios por el medio ambiente. De decir: "No, no tenemos nada que ver con eso (el Protocolo de Kioto). Es antiamericano. Va en contra de los intereses de Norteamérica", lo opuesto será el caso. Cuando el 2º rayo de Norteamérica recoja las ideas de Maitreya y busque ponerlas en práctica, lo hará a través de su 6º rayo de la personalidad, y será el mejor en ello. Lo veréis: más pronto, rápido, grande, mejor.

Ley de Causa y Efecto

¿Cuál es la relación entre la Ley de Causa y Efecto y la resolución de los pares de opuestos?

La Ley de Causa y Efecto nos afecta mientras estemos creando karma. El karma es el resultado de nuestra respuesta al conflicto que surge en la vida de cada uno, que nos impulsa hacia delante y nos proporciona el fuego para producir la resolución. Si somos –como el Maestro afirma que somos, y todas las enseñanzas esotéricas están de acuerdo– almas en encarnación, somos espíritu y materia en relación fusionada. Tenemos los problemas que surgen de esa congruencia de espíritu y materia: acción, movimiento, radiación, verdad y belleza; y lo opuesto, materia inerte e insensible y baja vibración. La labor es evolucionar hasta el punto en el que los dos se reconcilian totalmente y el espíritu se relaciona y es demostrado por el hombre o mujer en el plano físico.

Esto se hace a través de la respuesta a la acción de causa y efecto hasta un cierto punto. Cuanto más estamos gobernados por la ley de causa y efecto –es decir, cuanto más hacemos lo que hacemos sencillamente porque nos gusta hacerlo, porque nos satisface, porque es el sendero de menor resistencia– más karma creamos. No podemos evitarlo. Ponemos en marcha causas, cuyos efectos conforman nuestras vidas. Cada vida se construye de esa manera, es el resultado de la acción del karma.

Existe, por supuesto, karma personal, karma grupal, karma nacional y karma mundial. Estamos sujetos a todos estos karmas. Estoy hablando sobre karma personal, puesto en funcionamiento por nuestras propias acciones. El karma tiene un efecto muy poderoso hasta que podemos empezar a resolver los pares de opuestos, nos desapegamos más en nuestras acciones y así creamos menos efectos.

El sufrimiento es el resultado de la violación de la ley, pero también tiene que ver con la misma naturaleza de la relación entre espíritu y materia. Esa es la razón por la que sufrimos, por la que padecemos dolor, que necesitemos la ley del karma para establecer, como siempre, un nuevo equilibrio. Trastocamos el equilibrio de la ley y cuando lo hacemos, produce un efecto. Estos efectos causan una reacción de la ley del karma para poner en marcha una acción que al final, tarde o temprano, hará que esa alteración vuelva al equilibrio con nuestro sufrimiento, dolor, dolencia, lo que tenga que ser.

Si actuamos contra la ley, sabiéndolo o no, creamos una alteración en esa cohesión de equilibrio que precisa de la acción del karma para restablecer el equilibrio. Si hemos matado a alguien, entonces, tarde o temprano, nos matan. Si infligimos dolor o sufrimiento en personas, entonces tarde o temprano, recibimos ese grado de dolor o sufrimiento en igual medida. La ley natural de la naturaleza de la esencia de Ser misma crea la necesidad de restablecer el equilibrio que hemos trastocado.

Cuando más avanzados nos volvemos, menos actúa la ley de causa y efecto, o karma, porque estamos desapegados. Si estás desapegado, no creas karma. El karma se crea del apego al cuerpo físico como tal, o al cuerpo emocional/astral, o al cuerpo físico. Es el resultado de estos apegos, la creencia de que lo que pensamos, o soñamos, o imaginamos es real. Es la incapacidad de la humanidad de ver la realidad, de ver sólo una ilusión hasta que esa ilusión gradualmente se dispersa y vemos claramente. Cuando vemos claramente, y actuamos, por tanto, más correctamente, producimos menos reacciones kármicas y así la vida se hace más fácil.

¿Es exacto decir que el karma y el espejismo son las únicas cosas que nos impiden lograr la realización del Ser?

Mi respuesta rápida a ellos sería no, no es exacto decir eso. ¿Qué más nos impide lograr la realización del Ser? Nosotros, nosotros lo hacemos. El hecho de que estemos en la materia crea karma. Eso crea el espejismo, nuestros conflictos, y así crea el fuego que genera la energía para la evolución. Al mismo tiempo, mientras nos encontramos en medio de ese conflicto, producimos tanto espejismo como karma negativo.

El Maestro Djwhal Khul (a través de Alice Bailey) escribió que se crea más karma bueno que malo. ¿Os podéis imaginar? Este viejo mundo rancio con sus sistemas políticos corruptos está creando menos karma malo que bueno. Lo que impide la realización del Ser, en primer lugar, es la inercia del discípulo, la inercia de la materia de nuestros cuerpos. Estos cuerpos están creados de minúsculas vidas dévicas. Cada átomo es una pequeña vida que esta llevando a cabo su propia evolución al convertirse en parte del cuerpo de la evolución humana. Se está preparando gradualmente para convertirse, en última instancia, en un ser humano.

Todo en la vida en la totalidad del cosmos está en proceso de convertirse en humano, es humano o ha sido humano y ha ido más allá de lo humano. Nos encontramos en el punto medio, el punto de encuentro entre espíritu y materia. Ese es el problema, el desafío, y la tremenda experiencia para nosotros, que proporcionamos el punto exacto de congruencia entre espíritu y materia que hace posible la evolución.

Las condiciones –el conflicto y la violencia– que creamos entretanto son los espejismos que surgen de la discrepancia en vibración entre la realidad espiritual que somos y la materia que conforma nuestros cuerpos físico, astral y mental. Cada uno de estos cuerpos está compuesto de minúsculas vidas dévicas o angélicas. Los espejismos se superan cuando comenzamos a controlar su actividad, que tiene un propósito orientado hacia sí mismo. Mientras tengan el control, la materia permanece siendo materia. Cuando el control proviene de la energía del alma, gradualmente cambiamos la condición de la materia atómica, y ganamos control del sendero de evolución. Esa es la razón por la que es tan importante comprender la no-dualidad de los pares de opuestos, avanzando por el sendero entre ellos, no esquivando, sino sin apego.

Este es el sendero de la iniciación. Los cuerpos gradualmente son transformados por el alma. La realización del Ser se acerca cuando gradualmente pasamos de una iniciación a la siguiente. Cada iniciación confiere una frecuencia más elevada a las vidas dévicas que conforman la estructura atómica de los cuerpos físico, astral y mental. La estructura atómica cambia gradualmente, y cambia la actividad de estas vidas dévicas. Ya no están en control del proceso. Alimentan nuestros cuerpos con sus impulsos, pero la energía del alma comienza a tomar el control. La personalidad toma más el control del cuerpo físico, que comienza a responder a las instrucciones del plano mental. El cuerpo astral, también, empieza a 'enfriarse' y calmarse. Esencialmente, el cuerpo astral debería, y en un sentido evolutivo lo hace, volverse como un lago sereno, dejando de arrastrar al individuo con sus emociones. Entonces actúa como un espejo para el nivel búddhico de conciencia. El búddhico es el segundo nivel de la Tríada Espiritual, que trae la voluntad, el amor/sabiduría y la inteligencia del alma. La conciencia búddhica, reflejada en ese lago sereno, la experimentamos como intuición.

Las diminutas vidas dévicas del plano astral tienen más o menos el control hasta alrededor el grado de iniciación 1.5-1.6. Después de allí gradualmente pierden dominio sobre la vida del individuo. No significa que no tengamos emociones, pero no nos vemos tan arrastrados o abrumados por ellas. Aprendemos a desapegarnos del impacto de su actividad sobre el plano astral. La energía del alma es tan elevada respecto a la del cuerpo material, en este caso el astral, que gradualmente ganamos control del plano astral. Esto no se completa bajo ninguna circunstancia hasta 2.5-2.6, en donde comienza la polarización espiritual.

La vida dévica desde nuestro punto de vista es la vida de la materia. Desde su punto de vista, es una vida completamente consciente. Es como las células de nuestro cuerpo que poseen su propia existencia además de nuestra conciencia mental, y llevan a cabo sus acciones según nuestro ADN y la cantidad de vitaminas, minerales y extractos alimentarios que le damos para comer y beber. Si suministramos el material correcto y proporcionamos suficiente energía del alma, comenzamos a controlarlas.

Al igual que el karma, es nuestra capacidad de cambiar la cualidad de la vida de nuestros vehículos lo que determina cuándo alcanzamos la realización del Ser. Nosotros estamos al cargo, o los devas lo están. Pero el gran imán que denominamos Vida, que impulsa toda la evolución hacia delante, tarde o temprano se vuelve demasiado poderoso para que cualquier grupo o individuo pueda resistirse a él, y somos impulsados, lo queramos o no. Podríamos no alcanzar la realización del Ser en ese momento, pero al final llegaremos a ese punto.

No es sólo el espejismo o el karma lo que impide la realización del Ser, pero la cantidad de karma o la densidad del espejismo dependerá en el grado de control que las personas tengan o no sobre sus vehículos.

¿Cómo funciona el karma?

El karma es la principal ley que gobierna la vida en nuestro sistema solar. Por el funcionamiento de esa ley cada pensamiento, cada acción, pone en movimiento una causa o causas. Los efectos resultantes de esas causas componen nuestras vidas para bien o para mal. Es todopoderosa y realmente buena. La ley del karma busca llegar a un punto de equilibrio. Esencialmente eso es el karma, la consecución de equilibrio. Si ponemos en movimiento causas cuyos efectos crean conflicto, violencia, discordia, dolor, sufrimiento y mal, entonces, inevitablemente, para crear equilibrio, deberán resolverse. Los resolvemos nosotros que los hemos creado. Lo recibimos de vuelta. Vuelve a nosotros y decimos: "Oh, he tenido un tiempo terrible, que año más desafortunado ha sido". Todo trata de la resolución de karma pasado. Podría no tratarse del pasado inmediato, podría ser de hace varias vidas.

El Maestro Djwhal Khul también escribió que nadie recibe más karma de una naturaleza negativa de lo que es capaz de afrontar. No todos estarán de acuerdo con ello, especialmente las personas que se suicidan, porque ellas no pueden afrontar el karma de sus acciones, o no pueden enfrentarse a la vida por diversas razones. Podrían no creerlo. Podrían decir: "No, la vida es sencillamente imposible. No quiero seguir viviendo", sin saber lo que hay girando la esquina. Esta es la razón por la que el suicidio nunca es una forma de salida sabia o inteligente, porque nunca sabemos lo que hay girando la esquina. No podemos predecir cómo se desarrollará todo y seamos dichosos durante los siguientes 20 años, un tipo de dicha que no podíamos comenzar a anhelar. De la resolución del karma que encontramos tan pesada actualmente podría venir la dicha, la tranquilidad, la falta de dolor, el karma 'bueno', como lo denominamos, de los años venideros.

El karma no proviene del mandamiento de Dios: "Ojo por ojo y diente por diente". Esa es la ley del karma pero ejemplificada de la forma más negativa. Dios, o lo que denominamos Dios –tanto sea el Dios de nuestro planeta, el Hombre Celestial, o el Dios de nuestro sistema solar, el Logos Solar– es en esencia bueno. Esa bondad impregna cada aspecto del karma incluso si sentimos que es negativa y dolorosa hasta el extremo. Tiene como fin el establecimiento de la armonía y el equilibrio –sobre todo equilibrio– donde las energías están equilibradas en el grado exacto de las causas que las ponen en movimiento.

¿Nuestras acciones pasadas hace inevitables nuestras futuras experiencias?

Nuestras futuras experiencias son inevitables en el grado en el que restablecen el equilibrio si hemos hecho algo contra la Ley de la Inofensividad.

¿Puede uno eliminar karma a través del servicio y cambios de conciencia?

Sí. El karma puede desaparecer al aprender a vivir según el Plan. No creamos mal karma si no realizamos malas acciones. Si no robamos y bombardeamos países pobres y cosas por el estilo, entonces no creamos karma negativo. Por ello la necesidad de la inofensividad en todas nuestras acciones, individual, nacional e internacionalmente.

Si, por ejemplo, sabemos que el Plan de evolución es que vivamos juntos en paz y armonía, compartiendo los recursos del planeta que son proporcionados para todos y, como resultado, existe armonía, justicia y libertad en todas partes, podemos estar seguros de que las vidas de todos avanzarán según la ley. Nuestras vidas serán buenas, fructíferas, creativas y espléndidas en todos los sentidos de la palabra.

Cuando creamos conflicto, violencia, odio, injusticia y opresión, creamos karma negativo. Ya no estamos trabajando dentro del Plan de Dios. El Plan de Dios es una realidad. En términos bíblicos es tan vago, tan místico, pero en términos esotéricos es absolutamente práctico. El esoterismo es la ciencia o filosofía más práctica. A través del servicio, y los cambios de conciencia que resultan, quemamos karma.

Al cambiarnos nosotros mismos, cambiamos la naturaleza del karma que creamos, y podemos tratar de forma más potente con el karma del pasado.

Espiritualizar la materia

Usted ha dicho que el alma es perfecta en su propio nivel. ¿Entonces por qué necesita pasar por este proceso evolutivo para evolucionar?

El alma en su propio nivel es un reflejo perfecto del Hombre Celestial, el Dios de nuestro planeta. No necesita una evolución superior en este planeta. Es el alma en encarnación la que necesita perfección. Se encarna como un sacrificio. Su propio autosacrificio que le impulsa a la encarnación para llevar a cabo el Plan del Logos.

¿Cómo espiritualizamos la materia?

Espiritualizando la materia de nuestros propios cuerpos en primer lugar. Como raza, espiritualizamos los reinos animal, vegetal y mineral por la radiación de nuestra energía del alma. El secreto de la transformación de lo inferior a lo superior se hace a través de la radiación. Esa es la razón por la que en el límite del primer reino, el mineral, tenemos materia radioactiva. La radioactividad es la naturaleza de la frontera de los reinos mineral y vegetal. La radiación es el nexo que hace posible la vegetación.

Al evolucionar el reino vegetal, forma, a través de la radiación, un nexo con el reino animal. La radioactividad del reino vegetal yace en las fragancias y colores de las flores, por ejemplo. Todos esos colores fantásticos y las fragancias maravillosas son radiaciones de energía. En el mismo límite del reino vegetal, algunas plantas comen insectos, y así lleva al mundo animal.

El reino animal evoluciona, y al final forma un cuerpo para el siguiente reino, el reino humano. Debemos nuestro cuerpo físico al reino animal pero no somos animales. Somos el siguiente reino, que se desarrolla a través de la radiación de la mente. La mente es una facultad radiante, y hace posible la evolución de la humanidad. Al radiar cada vez más, pasamos a través del proceso iniciático. En cada iniciación recibimos una vibración más elevada de energía, haciéndonos así más magnéticos, atrayendo más materia de una cualidad subatómica a nuestros cuerpos, que gradualmente se convierten en el cuerpo de luz de un Maestro. Cuando tomamos la quinta iniciación, somos un Maestro, nuestros cuerpos están hechos enteramente de luz.

Siempre hemos sido esa luz. Regresamos a ella, pero en total conciencia. Ese es el trabajo del alma como la Intermediaria Divina entre los niveles espiritual y físico. El alma hace posible la espiritualización de la materia. Esta espiritualización de la materia tiene lugar a través de todos los reinos hasta que el planeta se perfecciona en términos del Plan en la mente del Logos Planetario. En cada iniciación se nos muestra una parte del Plan. Tenemos una comprensión más profunda del Plan y de nuestra parte en él. Eso es de lo que trata realmente la iniciación. Estabiliza el grado de radiación alcanzado, y por tanto, la cantidad de luz que existe en los cuerpos del iniciado en cada iniciación.

¿Espiritualizar la materia necesariamente implica conflicto?

Cuando trabajamos con el propósito de espiritualizar la materia, inevitablemente tratamos con el conflicto dado que estamos envueltos en materia. El alma no tiene conflicto, no conoce el significado de conflicto. El conflicto es el resultado de la enorme diferencia en términos vibracionales del alma en su plano y de la materia de los planos materiales en los cuales se ha encarnado. Así que siempre hay un conflicto.

La materia tiene sus propias necesidades integrales y cuando son satisfechas no existe conflicto. Cuando, por ejemplo, el cuerpo físico exige más de lo que necesita (y permitimos a nuestro cuerpo físico exigir más de lo que necesita –DK ha dicho que la mayoría de las personas comen cuatro veces más de lo que necesitan), entonces por supuesto crea conflicto que se manifiesta como mala salud. En el plano físico podemos ver el resultado directo del conflicto de tipo material. La espiritualización de la materia tiene lugar sin nosotros ser necesariamente conscientes del conflicto, pero estamos en él, surge en cada momento, todo lo que hacemos en la vida crea un conflicto con el alma que somos. Siempre estamos creando acciones, resultados kármicos, como una personalidad, imbuida con el alma pero aún incapaz de manifestar en gran medida las cualidades del alma. Allí es donde surge el conflicto. La materia misma no tiene conflicto, tampoco el espíritu mismo tiene conflicto. Es cuando ambos se unen y la materia intenta convertirse en espíritu que surge el conflicto.

Es el resultado de introducir un nivel vibratorio muy elevado, la energía del alma, en la materia, cuando surge el conflicto. Al alma sabe que le llevará miles de encarnaciones para que la persona cambie lo suficiente, y lo hace a través de una larga guerra de desgaste.

El conflicto es una guerra entre la personalidad y el alma y comienza tan pronto como la persona 'despierta', cuando el Principio Crístico nace en la cavidad del corazón (el corazón en costado derecho del pecho, el asiento del alma en el cuerpo etérico-físico). Cuando la luz del alma se despierta en ese centro, la persona comienza el 'sendero de regreso', un regreso al espíritu, porque el alma es el espíritu. Cuando decimos regresar, no es como si fuéramos de regreso a ninguna parte. Es que el alma es capaz cada vez más de manifestarse a través de su vehículo. Hasta ese momento, el vehículo es demasiado inerte. Existe tamas y rajas. Rajas es poder, luz ardiente, y tamas es inercia, falta de movimiento, falta de luz. Así que tenemos estas dos fuerza opuestas. Curiosamente, el 4º rayo, que pienso es la clave para manejar estos pares de opuestos, es el rayo en el cual el aspecto tamásico, de inercia, y el rajásico, el aspecto ardiente, son curiosamente iguales, y eso es un gran problema para la persona de 4º rayo. Tiene que encontrar la forma de caminar entre los dos.

Algunas veces está lleno de fuego y puede rápidamente ser inspirado por una gran causa, puede exaltarse, inspirarse. El individuo de 4º rayo puede hacer cualquier cosa cuando está cargado de esa forma. Cuando eso no se exige, a menudo tiene la inercia del otro, el aspecto materia. Estos dos extrañamente iguales en estas personas y el secreto para ellas, y pienso, el secreto de todos los Seres en relación a resolver los pares de opuestos, es recorrer cuidadosamente el sendero entre los dos, sin identificarse con uno o con el otro y estar perfectamente desapegado.

Usted dice que la reeducación de la humanidad es muy importante. ¿Cómo podemos enseñar sobre los pares de opuestos y el desapego?

Puedes explicar que somos un reino espiritual, que la esencia de la vida es espiritual y que somos almas en encarnación. El alma se encarna en la materia que en este nivel de nuestra existencia nos parece el polo opuesto al aspecto espíritu. Lo es, pero sólo en un sentido relativo.

Existe una gradación de la materia según la cantidad relativa de partículas atómicas y subatómicas que posee. El aspecto espíritu es real en su nivel, y al manifestarse en el plano físico cambia la cualidad de la materia. La materia es el aspecto más inferior del espíritu y el espíritu es el aspecto más elevado de la materia. Cuando el aspecto materia es espiritualizado, regresa gradualmente a través de los planos y se perfecciona durante el proceso. Esa espiritualización de la materia es el papel humano dentro de la evolución. Como almas, hemos descendido, nos hemos inmerso en la materia. El alma crea cuerpos de materia –físico, astral y mental– y una personalidad que los sintetiza a todos. Una personalidad es, por así decirlo, la suma total de todas las expresiones de la personalidad durante eones.

La humanidad en su conjunto está alcanzando un punto en el cual, a escala global, se está realizando la personalidad como un verdadero reflejo del alma. La integración de la personalidad procede rápidamente y puede utilizar mejor la energía y los vehículos del alma, creando vehículos más finos, mejor capacitados para transmitir energía espiritual, para irradiar más correctamente y para ser más entendido. Es tanto un asunto de lograr ciertas cualidades y también los medios de expresar esas cualidades, forjando un instrumento que está sintonizado para hacerlo funcionar.

Usted habla sobre el corazón sagrado o el corazón espiritual del hombre. ¿Existe realmente una forma práctica en que podamos experimentarlo, sentirlo, y comenzar, al menos, a empezar a conocernos como almas?

Lo primero es conocerte como un alma. Esa es la razón de que el Principio Crístico nazca en la cavidad del corazón del hombre o mujer en encarnación. Es aún materia, pero en esa materia nace la luz y el amor del espíritu. Muy pequeño al comienzo, va creciendo y te lleva hasta la primera iniciación. Finalmente te lleva hasta la quinta iniciación. Es el mismo principio que te conduce a través de todo el proceso iniciático hacia la perfección, cuando el trabajo del alma es completado.

Es despertarse al hecho de que eres el alma. Todas las religiones del mundo se han formado para enseñar a la humanidad, porque toda religión es un sendero hacia Dios. Más o menos distorsionada en la forma en que describe el sendero, pero comprendida apropiadamente, la religión es un método a través del cual el aspecto alma de la realidad demuestra ser lo que en realidad somos. Somos almas que se han envuelto en materia, se han encarnado, y pasan a través de un proceso de regreso al estado original de espíritu puro pero con toda la experiencia de haber estado en la materia. Al hacer esto, el aspecto materia de nuestro planeta es perfeccionado, espiritualizado, todo el tiempo.

El objetivo, el papel de la humanidad es espiritualizar la materia. Lo hacemos en primer lugar a través de la espiritualización de nuestro propio cuerpo. Estamos elevando esa materia, etapa a etapa. La materia es esencialmente luz, pero no se asemeja a la luz mientras está en la forma. Nosotros mostramos que esa forma puede enrarecerse cada vez más, hacerse cada vez más luz. Cada vez más partículas subatómicas son atraídas a esos cuerpos –físico, astral, mental– a través del proceso evolutivo, hasta que al final sólo hay luz. Un Maestro es una persona sólida, física, cuando lo veamos, pero Su cuerpo no está sujeto a las leyes de la materia.

Sólo está sujeto a las leyes que gobiernan la luz en nuestro planeta. Él ha conquistado a la muerte. Él ha conquistado la vida del plano físico. Ya no es real para Él, pero nunca fue real, excepto de forma relativa.

La realidad es que sólo existe una totalidad. Esa totalidad tiene dos polos, uno le denominamos espíritu, el otro materia. Son dos partes de una totalidad, y cada uno posee el potencial del otro. Ese es el secreto de ello. No es como si todo fuera espíritu, y la materia no contara. Esa ha sido la norma de los últimos 2.000 años en los cuales las personas han negado la realidad del cuerpo físico. Ha sido detestable para los cristianos durante ese período de tiempo. Lo han odiado y crucificado. La crucifixión es el principal símbolo del cristianismo, pero debería ser la resurrección. La resurrección desde la materia hacia el espíritu.

Los Maestros no ignoran el plano físico. Dos tercios de Ellos están en cuerpos del plano físico. Así es cómo se aparecen en la Tierra. Pero no están limitados por las funciones del plano físico. No necesitan comer, ni dormir, ni ir a una tienda, ni cortarse el pelo, ni comprar ropa. Cualquier cosa que necesiten, pueden traerlo a la existencia a través del pensamiento. Es una comprensión de las leyes que gobiernan el espíritu y la materia.

Fundamentalmente, sólo existe espíritu, pero el espíritu no solo está a un nivel, y el más inferior lo denominamos materia. Espíritu y materia son considerados uno pero también distintos en el sentido encarnatorio. Se hace que se relacionen para poder hacer lo que no podría hacerse de otra forma. No podemos espiritualizar la materia si no tenemos materia. El cuerpo de este planeta debe perfeccionarse. Es el cuerpo de expresión de un gran Ser cósmico, que está en el sendero del perfeccionamiento. Un día, este mundo será una esfera luminosa en el cielo, irradiando su belleza para que la vean todos los telescopios. Esto es así porque gradualmente lo estamos perfeccionando. Lo estamos espiritualizando por nuestra acción como almas encarnándose.

¿Puede una persona normal y corriente como nosotros acceder a la mente superior en cualquier momento dado?

Una persona normal y corriente a nuestro nivel puede acceder a la mente superior en momentos dados, por ejemplo en meditación o en un estado muy exaltado como resultado de alguna bendición que podría haber sido conferida sobre uno. Es posible, pero no como norma general dado que aún tenemos que comprender y funcionar a través de nuestro propio vehículo mental. Podemos estar abiertos al estímulo de una bendición de una mente superior que nos confiere una visión de la vida más desde el punto de vista del alma. Eso es perfectamente posible.

¿Es eso [acceder a la mente superior] un enfoque razonable para resolver el problema de los pares de opuestos?

No tiene nada que ver con los pares de opuestos. La mente superior es el vehículo del alma. Sólo lo veremos en relación a los pares de opuestos una vez que el alma se ha encarnado, porque los pares de opuestos sólo existen para un alma en encarnación. Es cuando se fusiona el alma con la materia que se crean los pares de opuestos.

Si meditaras y vieses el mundo como el alma lo ve, entonces esa experiencia, si sucede con suficiente fuerza y frecuencia, podría, para una persona inteligente, ayudarle a resolver los pares de opuestos. Pero al final del proceso no se les ve que estuvieran allí para nada. Los pares de opuestos son una ilusión. Esa es la cuestión. Pero tenemos que experimentar la ilusión antes de saber que era una ilusión. Si viéramos las cosas como las ve el alma, las veríamos como una ilusión. Que eso nos ayude o no depende del individuo.

El Morador del Umbral

¿Podría explicar sobre el Morador del Umbral y cómo eso es diferente de la experiencia ordinaria del karma o conflicto?

El Morador del Umbral es una acumulación de vida en vida de cada individuo de sus defectos, sus maldades, a través de los ciclos encarnatorios. Eso se acumula en una personalidad. Eso es el aspecto más inferior que la persona tiene que ser capaz de resolver, la dicotomía entre el alma y sus cualidades de belleza, verdad y amor, y el Morador del Umbral del que nos hacemos conscientes como el mal heredado, las imperfecciones, la facilidad de crear fallos y errores, en la vida de la humanidad.

El Morador del Umbral es aquello que crea el espejismo de nuestra vida. Oculta la verdad, la realidad de nuestra vida, de nuestra percepción. Mantiene a la humanidad cautiva y lo seguirá haciendo durante un largo período. Es ese espejismo el que se supera, hasta cierto grado, en la segunda iniciación.

Entre 1.5 o 1.6 y 2 nos encontramos con el Morador del Umbral una y otra vez. Cada encarnación nos lleva a este mismo sitio en donde permanecemos cautivos de nuestros sueños, de los malos entendidos, de las visiones que confundimos con la verdad. Eso tiene que superarse. Tenemos que aprender a ver a través de todo eso y ver las cosas como son, sencillamente como son. Siempre son muy diferentes de cómo las imaginamos. Nuestras propias cualidades siempre son diferentes de cómo las imaginamos. Lo que pensamos que son nuestras mejores cualidades a menudo son las peores. Lo que pensamos que podemos hacer es un producto de nuestra imaginación astral, una fantasía, y no obstante podemos tomarlo como algo cierto.

Hasta que pasemos por esa fase y tomemos la segunda iniciación, constituyen poderosos frenos en nuestro progreso. Son formas pensamiento muy poderosas. El Morador del Umbral es una realidad, la suma total de todas las experiencias de la personalidad, el creador de nuestro karma, y nos retiene. Hasta que podamos ver a través de ello y nos desapeguemos de todo el espejismo, el apego a nuestros sueños, nuestros valores, nuestro sentido de nosotros mismos, nuestras ambiciones, esperanzas, hasta que estemos libres de todo eso, estamos apresados en el espejismo.

Cuando tomamos la tercera iniciación, hemos puesto bajo control al elemental astral y, al menos hasta un grado suficiente, también al elemental mental. En la tercera iniciación, que integra los vehículos de todos los tres cuerpos, ellos vibran a la misma frecuencia. Cuando esto se logra, el alma puede realmente tomar posesión de la vida del individuo.

Desde el punto de vista de los Maestros, la tercera iniciación es realmente la primera iniciación porque es la primera iniciación verdadera del alma. Luego podemos continuar con las labores de la cuarta y quinta iniciación, que podría llevar otro par de vidas o algo así. Normalmente se puede hacer con rapidez desde la tercera iniciación, porque el alma está trabajando de forma poderosa a través del individuo. La radiación del alma es el magnetismo de tal individuo, y así lo reconocemos.

¿Cómo sabemos que estamos tratando con el Morador del Umbral en contraposición de otra cosa como una experiencia normal y corriente?

No lo sabes. Todo se hace desde la conciencia. O tratas con ello o no lo haces. Nunca piensas en ello. Sencillamente cada vez te vuelves más desapegado. El pensamiento nunca surge porque estás desapegado.

¿Así que no hay nada extraordinario en la experiencia?

Es tan gradual y, de cierta forma, tan lógico. Si quitas la atención de algo, ya no te irrita. Si siempre estás pensando sobre el Morador: "Oh, Dios, ese Morador", si vas a casa y subes las escaleras y "¡Oh, Dios, otra vez ese Morador, de pie allí en la puerta!" te distrae, date una oportunidad. Aprende a desapegarte, y se encargará de sí mismo.

¿Es preciso decir que el Bhagavad Gita [escritura hindú] es una representación simbólica del conflicto del alma en la materia?

La respuesta corta a eso es sí. El Bhagavad Gita es realmente una disertación de varios Seres sobre el sendero de evolución en lo que concierne principalmente al plano astral/emocional. Es sobre la naturaleza y la superación del espejismo. Las obras de Shakespeare también tratan sobre el espejismo y la superación del espejismo.

El 4º Rayo

El 4º rayo incrementará su intensidad en las próximas décadas. Uno podría pensar que se trata de una gran oportunidad para estimular un mayor punto de tensión para la humanidad global e individualmente. ¿Desempeñará esto un papel importante en motivar la iniciación, y en qué rayos afectará específicamente a la humanidad en relación a la creación de conflicto?

Es cierto que dentro de unas pocas décadas el 4º rayo se encarnará como lo hace el 7º ahora. Estos rayos trabajarán juntos. En la Meditación de Transmisión, después de que se liberan las energías cósmicas del 1, 2 y 3, entran las energías de rayo. Los rayos 4 y 7 son siempre los primeros en entrar y lo hacen juntos. El 4º rayo produce armonía, armonizando a todos los rayos. El 7º rayo se usa para anclarlos en el plano físico. El 7º rayo es el más práctico de todos los rayos en el sentido que relaciona la idea espiritual al plano físico. La acción ritual del 7º crea, a través de la repetición, una energía que ancla la idea. El 6º rayo tiene el ideal, y no tiene dificultad en visualizar el ideal, pero posee una gran dificultad en manifestar el ideal porque no busca la manifestación, está satisfecho con la visión.

El 7º rayo toma la visión y la ancla, la trae al plano físico con su acción, a través de la organización, al convertirlo en un hecho. Eso significa que sabe cómo organizar, cómo construir instituciones, formas, a través de las cuales el ideal puede manifestarse. Estos dos juntos, el 4 y el 7, además de crear las formas más elevadas del arte, según los Maestros, realmente traen la radiación de lo que denominamos belleza en línea con la radiación que denominamos ritual. Estas dos formas de radiación se juntarán y crearán un tremendo nuevo despertar por parte de la humanidad.

Las personas se volverán en su conjunto más creativas, no sólo en la pintura y otro arte, sino más allá del arte. El arte de vivir se convertirá en algo sumamente importante para la humanidad, que se hará cada vez más creativa. No es que necesitemos muchas formas diferentes de vivir, pero el arte de vivir juntos en paz, de forma segura, bien, en armonía, es el arte de vivir, haciendo lo que hacemos en armonía, según la Ley, la Ley del rayo y la Ley del Logos.

¿Cómo contribuye la liberación de la fuerza de Shamballa durante las pasadas tres décadas al nivel de conflicto para la humanidad? ¿Y cómo difiere esto de la influencia del 4º rayo?

El nivel de conflicto y desarmonía se eleva por el flujo de la fuerza de Shamballa, pero es superado por los beneficios con lo que también ha contribuido porque el 1er rayo es el rayo de Voluntad o Propósito. Es el Propósito del Logos que se está llevando a cabo. La fuerza de Shamballa encarna ese Propósito, y la Voluntad trae a existencia el propósito. La armonía, el amor y la buena voluntad se manifiestan a través de la acción de la fuerza de Shamballa. En su impacto inicial en el estrato inferior de la sociedad puede tener lo que denominaríamos un efecto negativo. Estimula grados de violencia pero eso es temporal y es rebasado por los beneficios, de otra forma no sería liberada.

En la liberación de cualquier gran energía, existe una doble acción. Una que es, tarde o temprano, beneficiosa, y otra que es de forma inmediata, a corto plazo, perjudicial, pero que es superada rápidamente por los beneficios conferidos a una escala mucho mayor sobre otros miembros de la sociedad.

Lo mismo podría decirse de la energía del amor. La energía del amor es absolutamente neutral. No es ni 'buena' ni 'mala'. Pensamos del amor como algo totalmente bueno. Es la 'Espada de la División' que es utilizada por el Cristo deliberadamente para estimular a todos los Seres. Estimula lo bueno y lo malo. Estimula el egoísmo y la codicia, y al mismo tiempo el altruismo de otros.

Crea una línea por el medio para que así la humanidad pueda ver dónde debe colocarse, sin bordes borrosos, sencillamente dónde está lo bueno y dónde lo malo, dónde la codicia y dónde el verdadero altruismo del alma.

Existen personas que fingen a sí mismas que son desinteresadas y completamente para el bien del mundo. Pero en la base de sus vidas son codiciosas y egoístas. La Espada de la División corta a través de esta hipocresía, y muestra a las personas en su verdadera luz. Así podemos ver claramente que si vamos por un camino, traerá el desastre total. Si vamos por otro, generará un nuevo mundo. Éste es el camino que la humanidad tiene que escoger, y rezar que lo haga.

Tercera Parte
Ilusión

*Este capítulo está basado es una versión editada de la charla impartida por Benjamin Creme en la Conferencia de Meditación de Transmisión celebrada cerca de San Francisco, EEUU, en Agosto del 2003. (Publicada por primera vez en la revista **Share International**, Enero/Febrero 2004.)*

En los libros de Alice Bailey el Maestro Djwhal Khul afirma lo siguiente:

"El problema de la ilusión reside en que es una actividad del alma y el resultado del aspecto mental de todas las almas en manifestación. Es el alma la que está sumergida en la ilusión, y no llega a ver con claridad hasta el momento en que aprende a verter la luz del alma a través de la mente y el cerebro".

Esto podría ser una revelación para vosotros. Podríais no haber pensado nunca en que el alma podría estar limitada de algún modo. Podríais haber pensado que la limitación siempre está en el aspecto materia, la personalidad, la imperfección del vehículo, físico, astral o mental, para permitir al alma la correcta conciencia despierta del mundo exterior en el cual vivimos.

Proporcionamos el acceso para el alma, y si no tenemos el vehículo, el alma no puede ver. Se ha hecho mucho hincapié en la enseñanza de que el vehículo es inadecuado, y así lo es. La inercia misma de la materia hace difícil, a veces imposible, que el alma utilice adecuadamente el aparato que la personalidad proporciona en una encarnación dada. El resultado en el plano mental es lo que llamamos ilusión. La mente y el cerebro tergiversan la realidad y lo que el alma ve. Es precisamente esta tergiversación de la realidad lo que causa la ilusión. Vemos el mundo, introducimos en nuestras mentes todas las ideas, formas mentales, ideologías y puntos de vista, e intentamos entenderlo. Nos apegamos a estas ideas e ideologías si nos son atractivas. Nos unimos a éste o ese grupo u organización, y de esta manera llenamos nuestras mentes con ilusión.

Hacemos imposible que el alma pueda ver clara, sinceramente, sin obstáculos, lo que el mundo es realmente. Mostramos al alma lo que pensamos que es el mundo. Después de haber especulado con todas las ideas, ideologías, partidos políticos, formas de vivir y pensar, las diferentes religiones, doctrinas y dogmas, nos quedamos con una niebla, una falta de luz, que denominamos ilusión, cerrando así la mente de la personalidad a la luz del alma.

El alma busca derramar su luz a través del cuerpo mental. Cuando la ilusión está en el plano astral, la denominamos espejismo. El mundo está lleno de espejismo. Algunos de vosotros conocéis algunos de vuestros espejismos. Toda persona encarnada, exceptuando a los Maestros y a los iniciados elevados, sufren de espejismo o ilusión. No vemos el mundo como es de verdad. Vivimos en la Gran Ilusión.

La mayoría de personas que comienzan a pensar (ésta es la diferencia entre espejismo e ilusión) utilizan sus pensamientos e interpretaciones como si fueran reales, y escogen entre ellos. Les gusta el sentimiento de algo porque son sentimentales, por ejemplo, y encuentran una forma más sentimental de expresarse. Si son un tipo de persona dura, podrían encontrar que un enfoque más duro le es más de su agrado. Nos apegamos a aquello que podemos interpretar, que pensamos que es verdadero.

"La ilusión es, principalmente, una cualidad mental y la caracteriza la actitud mental de aquellas personas que son más intelectuales que emotivas. Ellas han superado el espejismo, tal como se lo interpreta generalmente. Es la comprensión equivocada de ideas y pensamientos de lo que adolecen y de mala interpretación.

"Hoy la ilusión es tan poderosa, que existen pocas personas cuyas mentes están de alguna manera desarrolladas, que no estén controladas por estas inmensas formas mentales ilusorias, las cuales tienen sus raíces y extraen su vida de la vida inferior de la personalidad y de la naturaleza de deseos de las masas."

Vivimos en un mundo que está hostigado por la ilusión. Cada país del mundo tiene sus propias ilusiones. Si es un país grande como Rusia o Norteamérica, las personas normalemente tienen la ilusión de la grandeza. Buscan dominar, ampliarse. Cuanto más grande eres, más buscas ampliarte. Es algo extraño. Uno pensaría que un país del tamaño de Rusia o de EEUU serían tan grandes que se cansarían de ser tan grandes. Sería poco manejable y descoordinado. Pero no, les gustaría ser más grandes.

Uno pensaría que tener una gran superficie llamada Estados Unidos, 4.500 kilómetros de ancho y unos 3.000 kilómetros de norte a sur, debería ser suficiente para satisfacer a la mayoría de las personas. Pero no. ¿De dónde surgió Texas, Nuevo México, la mitad de California? EEUU los robó de México. Este deseo de ser el más grande y el mejor, de agrandarse, de crear esta forma mental de superioridad, es una gran ilusión existente del pueblo norteamericano. Actualmente, bajo la actual administración republicana, EEUU parece propenso a la creación de un sistema político y económico mundial dominado por Norteamérica.

Los británicos dominaron una inmensa parte del mundo durante casi 200 años hasta la mitad del siglo xx. Allí donde miraras en un mapa del mundo veías rosa. Donde veías rosa era Gran Bretaña, los dominios británicos y las colonias británicas, todas pertenecientes y gobernadas por Gran Bretaña, bien o mal. Eso proporcionó a Gran Bretaña la gran ilusión de que era una mega potencia. Durante un corto periodo fue una mega potencia.

Cuando los españoles fueron y conquistaron la mayoría de América del Sur, se llevaron todo el oro y plata que pudieron encontrar, y España se convirtió en el país más rico del mundo. En Europa se sintieron poderosos y dominantes, pero sólo por un tiempo. Esto sucede una y otra vez.

La entrada de Napoleón en la escena mundial en Europa comenzó el proceso por el cual 'la gloria que fue Francia' se convirtió en una poderosa ilusión, una forma mental poderosa. La aspiración francesa de cambiar la corrupción, la pomposa civilización del linaje de los reyes Luises, se convirtió en una campaña militar de conquista liderada por Napoleón, que abarcó toda Europa y partes de Rusia y África. Esta es la ilusión de la grandeza. La colonización que tuvo lugar durante los siglos XVI, XVII, XVIII y XIX fue todo el resultado de la ilusión del engrandecimiento.

Actualmente Estados Unidos está dedicada a algo similar, un programa de engrandecimiento bajo la pancarta de una 'guerra contra el terrorismo' y la creación de una Pax Americana en todo el mundo. Las más de 2.000 bases extranjeras que ahora tiene Estados Unidos, le proporcionan el necesario acceso militar para 'mantener el orden mundial', como ellos dirían. Ser la policía del mundo, como se consideraron los británicos, y ahora lo hacen los norteamericanos, es una enorme ilusión. Es insostenible, ridículo, y actualmente es muy perturbadora de la paz mundial. Eso es ilusión a gran escala.

La ilusión recorre todo el camino desde el nivel de naciones y política mundial, hasta las ilusiones que gobiernan el funcionamiento de grupos como el nuestro. Algunos grupos no han salido de la encarnación, por así decirlo, sino que han perdido impacto en el mundo, perdido autoridad y realidad a causa de la ilusión de génesis original.

Estaba pensando, por ejemplo, en la Sociedad Teosófica, que todavía realiza un buen trabajo, publica las enseñanzas teosóficas, que gradualmente, discretamente, difunde las enseñanzas de los Maestros a través de H.P. Blavatsky y otros escritores. La inmensa mayoría de los primeros teósofos se veían a sí mismos como los 'indómitos' del conocimiento, la vanguardia del cambio de conciencia en el mundo. En un sentido muy real eso era cierto porque por primera vez en la memoria viva, las ideas de la Jerarquía comenzaron a hacerse públicas. Entraron en la escena pública, y fueron refutados, menospreciados, tachados de ser la obra del diablo, al igual que cualquier cambio de dirección entre los partidarios de cualquier religión. Cualquier cambio se considera la 'obra del diablo'.

Los cambios pueden ser buenos o malos, pero si las cosas funcionan, uno normalmente no las cambia. Cuando las cosas no funcionan bien, cuando la necesidad del cambio, la necesidad de nuevas ideas, de una nueva entrada de energía es aparente, es una señal inequívoca de que la enseñanza de la época ha llegado a un límite. Ya no puede revelar nada, sino que se está cristalizando cada vez más. Las enseñanzas de gran parte del mundo habían alcanzado tal punto cuando se publicó, por ejemplo, *La Doctrina Secreta*, la obra maestra de H.P. Blavatsky.

Ciertamente en el campo religioso la puerta estaba firmemente cerrada contra esta intrusión de la Teosofía. La Teosofía es la filosofía de Dios. No puedes representar un peligro mayor para religión que eso, muchos pensaron, y no obstante la Teosofía nunca ha estado en contra de la religión –por el contrario. Los religiosos fundamentalistas de la época se ofendieron de todo lo que presentó Madame Blavatsky. Así, también, lo hicieron los científicos de la época. Los científicos más conocidos estaban entre sus críticos más severos, e incluso hasta la fecha cada vez que se hace mención de Madame Blavatsky en publicaciones o en los medios de comunicación, por lo general recibe realmente una crítica muy punzante.

Ésta es una mujer que era una iniciada de cuarto grado, en el mismo nivel que Jesús en Palestina o Leonardo da Vinci, y no obstante aún se la injuria como un fraude, una médium, que engañaba en sesiones de espiritismo (que nunca practicó, no lo necesitaba) y así ha sufrido un terrible ataque a su reputación.

Esto es así porque las ideas que provienen de la Jerarquía son absolutamente explosivas. Trastornan las ideas de la época, que eran ideas de ilusión. Las ideas dadas a través de Blavatsky, las ideas de la Jerarquía, fueron enviadas deliberadamente al mundo para limpiar el camino, para deshacerse de los espejismos e ilusiones que hasta estos días acosan el sentimiento y pensamiento de la mayoría de las personas. Cuanto más intelectual la persona, más ilusión será su problema.

Fui criticado recientemente por llamar a los así denominados científicos "estúpidos" en *Share International*, en referencia a su reacción a los círculos de las cosechas. Mientras leía al Maestro DK el otro día, encontré un caso en el que Él llamaba estúpidos a ciertos científicos. Así que estoy en buena compañía. Él también dice que todos los discípulos tienen que tener valor, ante todo. Uno de los deberes de los verdaderos discípulos, dice el Maestro DK, es hablar abiertamente contra cualquier autoridad que exista en el mundo –científica, religiosa, política o a cualquier nivel– con la que discrepemos y veamos más lejos y claro de lo que éstas hagan.

Si él piensa que están equivocadas, le incumbe al discípulo así decirlo. Si él sólo se esconde y finge que no posee un punto de vista sobre el tema, y nada mejor, más claro, más verdadero que dar, entonces es un discípulo sólo de nombre. El verdadero discípulo es el discípulo que no conoce el temor. Ésta es la necesidad básica número uno para todo discípulo.

Reconocer el espejismo y la ilusión

Según el Maestro DK, la única forma de que el problema del espejismo puede superarse es a través del cuerpo mental, revelando el alma el espejismo a través del cuerpo mental. Y Él dice: *"Ya es bastante poder reconocer que el espejismo y la ilusión existen. La mayoría de personas no son conscientes de su existencia"*. Sólo tienes que hablar con la mayoría de personas, y descubrirás que es cierto. La mayoría de personas ignoran totalmente que viven en espejismo e ilusión.

"Muchas personas buenas ahora no ven esto. Divinizan sus espejismos…". ¡Los divinizan! Piensan que son maravillosos. *"Lo mejor que tengo es este espejismo"*, cualquiera que éste sea. *"…y consideran sus ilusiones como posesiones muy apreciadas y arduamente conquistadas"*.

Las personas se afilian a partidos y organizaciones. O se unen a un grupo que no es una organización y lo convierten en una organización con ellos en una posición de poder. Les proporciona la ilusión de la grandeza, la importancia. Es una forma disimulada de controlar. Esa es una gran ilusión que domina a toda sociedad.

Todos los partidos políticos, los así denominados grupos espirituales, todos los grupos en todas partes, se desplazan hacia una situación en la cual ellos puedan controlar. El grupo en su conjunto podría no hacerlo, pero los individuos en el grupo lo hacen. Ese control les proporciona el sentimiento de poder. Es el poder lo que anhelan, no el servicio que ellos piensan que están dando de una naturaleza política, espiritual o religiosa. Consciente o inconscientemente, buscan poder. Ese es el mayor espejismo y la inmensa ilusión de sus vidas.

Ellos podrían desperdiciar años luchando para obtener una posición, y retener una posición, frente a otras personas de su grupo específico, sea religioso, político, social, científico o académico. Toda institución que puedas nombrar, todo grupo que podrías mencionar, tiene actualmente este problema que le acosa.

El Maestro DK dice: *"Hoy la ilusión es tan poderosa, que existen pocas personas cuyas mentes están de alguna manera desarrolladas, que no estén controladas por estas inmensas formas mentales ilusorias, las cuales tienen sus raíces y extraen su vida de la vida inferior de la personalidad y de la naturaleza de deseos de las masas...*

"La ilusión es el modo con que la comprensión limitada y el conocimiento materialista interpretan la verdad, y la velan y ocultan tras una nube de formas mentales. Esas formas mentales se hacen más reales que la verdad que velan, controlando por tanto el enfoque del hombre a la Realidad".

Existen muchos problemas en el mundo, pero el problema de la conciencia es precisamente que cuanto más educado eres, más avanzado eres en tu profesión, hay más probabilidad que estés sumergido en la ilusión porque proporciona un formato para este deseo de controlar. La institución, sea religiosa, política o académica, proporciona una estructura por la cual un hombre o mujer puede avanzar cada vez más alto hacia una posición de cada vez más poder y control.

Ellos avanzan en su profesión hacia una posición de poder, hacia la capacidad de controlar sucesos, dinero, personas, en su institución. Ese es el principal espejismo que acosa a todo desde el Pentágono hasta las bolsas del mundo. Es el mismo espejismo, la misma ilusión de que esto es significativo. La idea de que hacer dinero trae la felicidad, o hacer más dinero genera una mayor felicidad, es una forma mental. Si estás viviendo en situaciones desesperadas, apenas capaz de comer, de vestir y educar a tus hijos, entonces obviamente que ganar más dinero aliviaría ese estrés. Pero la idea de que necesitas hacerte millonario, y siendo millonario de que necesitas hacerte multimillonario, y que la forma de hacerlo es invirtiendo en la bolsa, es una ilusión.

Las personas se dedican a diario, cada hora, a leer las publicaciones económicas sobre cómo ganar dinero, cómo conseguir más dinero del dinero que ya han invertido. Es vivir del mundo, sin dar nada a cambio. Es sencillamente apostar, invertir dinero, hacer que se duplique, triplique, muchas veces. Hacer una fortuna en la bolsa no añade nada a la sociedad. Es una enorme e ilusoria forma mental y millones de personas en cada país lo han aceptado como una realidad.

Esa es la razón por la que Maitreya llama a las bolsas "los casinos de juego del mundo". No le deben nada a la sociedad; no dan nada a la sociedad. Permiten que algunas personas con dinero gasten, ganen más sin hacer nada, sin trabajar para ello, sino sencillamente disponiendo del dinero, los intereses del cual te proporcionan una vida fácil.

Estas formas mentales nublan y llenan nuestras vidas. No son una moda pasajera. Todo lo que he dicho sobre la ilusión está sucediendo ahora y constituye la vida de la mayoría de las personas, la mayor parte del tiempo.

También, y esto es quizás más siniestro: *"Esta forma de ilusión prevalece cada vez más entre los discípulos y aquellos que han pasado las dos primeras iniciaciones... Perciben el significado de su logro, y el sentido de su responsabilidad y conocimiento. Nuevamente se sobreestiman, considerándose a sí mismos y a sus misiones como únicos entre los hijos de los hombres, y su demanda esotérica y subjetiva de reconocimiento se hace presente y malogra lo que podría haber sido de otra manera un servicio fructífero. Cualquier énfasis puesto en la personalidad puede distorsionar fácilmente la luz pura del alma que busca fluir a través del yo inferior. Cualquier esfuerzo para llamar la atención hacia la misión o tarea que ha emprendido la personalidad, desvirtúa esa misión, y obstruye al hombre en su tarea; pospone su realización hasta el momento en el que el discípulo no sea sino un canal a través del cual pueda el amor*

¿Con cuánta frecuencia ves o oyes de grupos liderados por algunos individuos que durante un corto tiempo, una temporada, un año o dos, consiguen cierta prominencia? Uno lo ve, o solía verlo mucho, aquí en EEUU. Cada vez que he venido a EEUU desde 1980, oía y ocasionalmente conocía a algún conocido 'gurú' o instructor que tenía un gran grupo. Vivían en un retiro abrigado en el país, en las montañas, en lugares hermosos y maravillosos.

Si conocía a la persona, normalmente la encontraba con espejismos hasta un grado que era literalmente doloroso. Intentaba no demostrarlo, por supuesto, y nunca pareció que fuéramos más allá de eso. Seis meses o un año más tarde ya no escuchabas nada más de ese grupo, o sólo que se habían metido en dificultades y habían derrochado 400.000 dólares en los edificios, que habían sido confiscados por el benefactor. Siempre había alguna intriga, normalmente relacionada con el dinero.

Esto sucede porque la esencia del grupo no era real. Estaba basada en una fantasía. Probablemente el individuo que comenzó el grupo tenía un sentido del servicio, o tuvo una 'experiencia'. Quizás era astralmente sensitivo, en contacto con algunos entes, quizás del quinto o sexto plano astral. Ellos atraen al tipo de personas que podrían responder a ese nivel. Pero no serían aquellos que exigirían más claridad, más contacto con el mundo exterior, el mundo de la realidad, y así el grupo se disolverá por voluntad propia, y no volverás a oír de ellos. Eso ocurre una y otra vez.

En el extremo más drástico, podrías descubrir que todos se han suicidado, han tomado veneno y se han disparado unos a otros. Todo tipo de historias horribles decoran la historia de algunos de los grupos 'espirituales' más pintorescos. Pero esa 'espiritualidad' el 99 por ciento del tiempo está basada en una enorme ilusión –la ilusión del fundador y de aquellos que siguieron al fundador hasta el fuego, hasta la muerte, hasta las montañas, o dondequiera que sea.

Mi hija recientemente se encontró con Maitreya en Hyde Park en Londres. Ella tenía prisa para algunos recados, y un anciano se unió a ella y comenzaron a andar juntos. Él dijo: "Te voy a decir algo realmente importante". Ella por supuesto era todo oídos. Él dijo: "Todo es energía. Todo está compuesto de energía, vibrando en diminutas moléculas. Y todo lo constituido de energía tiene su opuesto. Por ejemplo, podrías estar deprimida este año, harta, las cosas no marchan bien, ¿y quién podría afirmar que el próximo año todo no será diferente? Todo podría ser agradable y afortunado. Todo es así. Todo está cambiando, cambiando. Por ejemplo, mira al Sr. Blair. Se ha encaramado tan y tan alto". Y el hombre añadió: "Obsérvale. Acabará cayendo dando tumbos y tumbos". Dijo esto y reivindicó dar un beso en la mejilla como el pago de ella por la información. Se despidieron y cada uno siguió su camino.

Esto muestra cómo, desde el punto de vista de la Jerarquía observando al mundo, Ellos ven los espejismos, ven la realidad. Ellos ven y saben que lo que nosotros vemos es completamente diferente de la verdad. El alma no puede ver la verdad porque la personalidad no permite al alma ver la verdad. Hemos ocultado la verdad.

Vemos la idea. De nuestro falso lenguaje, falsa educación, nuestra ignorancia, falta de comprensión, interpretamos de acuerdo a la 'norma', la línea académica, la comprensión aceptada, sea política, religiosa o académica.

Aceptamos el status quo, en otras palabras. Eso es porque tememos hacer cambios. Tememos cambiar así que no vemos la necesidad del cambio. Encubrimos la necesidad del cambio, la realidad que yace allí, el verdadero estado del mundo, el dolor, el sufrimiento, la inseguridad del mundo. No me refiero sólo al terrorismo, sino a la inseguridad de la vida, incluyendo, por supuesto ahora, al terrorismo, porque no queremos verlo. Es demasiado perturbador, demasiado espantoso, y así lo tapamos con ilusión. Llenamos cada fragmento de la vida con ilusión.

Lo hacemos como grupos, en partidos políticos, como gobiernos. Todos tienen sus diferentes maneras de funcionar con este truco de encubrir la verdad. ¿Cuál es la respuesta? ¿Cómo podemos salir de ello?

Intuición

El Maestro DK dice que sólo la intuición puede superar la ilusión.

"Es con la meditación y con la técnica de control mental que los pensadores del mundo comenzarán a liberar al mundo de ilusión. De aquí el creciente interés por la meditación a medida que el peso del espejismo mundial se va percibiendo cada vez más, y de allí la necesidad vital de una comprensión correcta de la forma de control

mental... Sólo la intuición puede disipar la ilusión, y por ende, la necesidad de entrenar a intuitivos".

La intuición es la luz del alma, el nivel búddhico del alma trabajando directamente a través de la mente. Cuando se despeja la mente de ilusión, el buddhi o intuición mismo puede manifestarse. Cuando la intuición o buddhi se manifiesta, automáticamente despeja la mente del individuo de todas estas ilusiones. Es como limpiar la casa. Un día entras en una casa y ves las telarañas. Has estado en esa casa cada día durante años y nunca habías visto que el lugar estaba cubierto de telarañas. Un día cuando ves que hay telarañas, coges un plumero y comienzas a limpiarlas.

La facultad que denominamos intuición es el siguiente nivel de la mente a desarrollar. La mayoría de personas en el actual nivel de la humanidad están trabajando con la racionalización, el pensamiento. Podemos pensar. Cuanto más podemos pensar, más inteligentes creemos ser.

Desafortunadamente, las personas en los grupos esotéricos piensan que son los más lúcidos en el sentido esotérico porque están en un grupo esotérico. Pero podrían tener incluso más espejismos, y a menudo los tienen, que sus colegas que no saben nada de esoterismo. Los grupos esotéricos están entre los que tienen más espejismos e ilusiones de cualquier grupo en el mundo.

Si alguien tiene una posición de autoridad o cierto grado de notoriedad en el mundo exterior, y también está en un grupo esotérico, tiene la tendencia de juntar ambas cosas y pensar que en el grupo esotérico tienen que tener el control, el poder, que tendrían en el campo académico, religioso o científico. En un grupo esotérico no funciona. No existen posiciones de poder en un verdadero grupo esotérico.

Éste es el gran tema del cual he hablado antes, el problema de la organización en contrapartida a una forma orgánica de organización. Existen aquellos que entran en un grupo como éste, por ejemplo, y organizan, organizan, organizan. Piensan que son buenos organizando. Quizás lo sean y quizás no, pero no tiene nada que ver con la naturaleza esotérica del grupo.

Un grupo esotérico no funciona a través de la organización. De hecho, el Maestro DK dice que la Sociedad Teosófica zozobró contra las "rocas de la organización". Una vez que H.P. Blavatsky falleciera y dejara la escena, el trabajo principal se colapsó porque su alma no estuvo involucrada en el grupo. Ella era una iniciada de cuarto grado. Ella sólo trabajó a través de su personalidad infundida por el alma, y cuando la personalidad se marchó, porque falleció, el grupo zozobró.

Zozobró contra las rocas de la organización que las personas 'inteligentes' habían instaurado. HPB no era una persona inteligente. Era una genio absoluta, uno de los grandes iniciados del mundo. No como una 'sabelotodo' como algunas de las personas que entraron y crearon la estructura de la Sociedad Teosófica, la propagaron por todo el mundo, y crearon el impedimento para la esencia de las enseñanzas teosóficas que ha impedido que haga muchos progresos desde los días de Annie Besant. Según el Maestro DK cristalizaron las enseñanzas y cerraron la sociedad a las ideas democráticas de Alice Bailey, y a la nueva enseñanza que fue dada a través de Alice Bailey por ese Maestro.

Tienes que ser muy claro. Todos en este grupo deben mirarse a sí mismos e intentar descubrir dónde tienen espejismos y dónde están llenos de ilusiones. Lo que piensan que son sus mejores cualidades, las mejores cualidades que aportan al grupo, son probablemente sus mayores ilusiones. Es casi una simpleza decir eso. Esa es la razón por la cual el Maestro DK dice: "sus más preciadas posesiones". Lo que han trabajado duro para conseguir y desarrollar en sus vidas, cuando se trata de la realidad, de ser un discípulo, no tiene en absoluto ningún valor.

Presentamos nuestras experiencias a través de nuestras malas interpretaciones, que están vinculadas con la personalidad, el yo. Hacen que el yo se sienta seguro. Podrían relacionarse con la idea del patriotismo: "soy norteamericano", o "soy británico", o "soy francés", y por tanto soy importante. Estas son las formas mentales que condicionan la vida de las naciones. Casi todo británico es un patriota. Todos ellos piensan que los futbolistas británicos son los mejores del mundo, lo que es una tontería. Nadie más piensa que el fútbol británico es el mejor del mundo. Llegó a ser el mejor –pero no durante mucho tiempo. Mirad las banderas en toda Norteamérica. Nunca he visto un país tan decorado con banderas.

Pensamiento claro

"El objetivo de todo el entrenamiento dado en el Sendero del Discipulado, y hasta la tercera iniciación, es inducir ese pensamiento claro que hará que el discípulo pueda liberarse de la ilusión..."

Tiene que ver con la libertad de nuestro pensamiento. Tiene que ser claro. Estamos tan llenos de espejismo que incluso cuando nos hacemos cultos y comenzamos a utilizar nuestras facultades mentales en cierta medida, todavía están llenas de espejismo, o como lo denominamos, ilusión, en el plano mental. Es tan difícil mirar a la vida como realmente es porque no despejamos el sendero al alma para que nos muestre la vida como es. El alma espera, y ve lo que le hemos presentado como realidad. Y así el alma se pierde en la ilusión. Ese es el principal problema del mundo.

"...es inducir ese pensamiento claro que hará que el discípulo pueda liberarse de la ilusión, y le proporcione esa estabilidad y equilibrio emocional que no permita la entrada a ningún espejismo del mundo.

"Uno de los problemas que afronta el aspirante es el problema de reconocer debidamente el espejismo cuando surge, y de ser consciente de los espejismos que acechan su sendero y las ilusiones que construyen un muro entre él y la luz. Ya es mucho que hayas reconocido que el espejismo y la ilusión existen."

Todos sabemos que el espejismo y la ilusión existen. ¿Lo sabes como una afirmación esotérica, y lo conoces como resultado de la experiencia? ¿Hasta qué punto reconoces la existencia del espejismo y la ilusión? ¿Los puedes ver en ti mismo? ¿Puedes enfrentarte a ellos a diario? O simplemente es una idea que has sacado leyendo al Maestro DK y diciendo: "Sí, acepto que el espejismo es algo terrible, y la ilusión, sí eso es terrible". Aceptas que existen. ¿O puedes *ver* que existen? Tienes que verlo. Tienes que experimentarlo, dónde está oculta la verdad, dónde las personas ocultan la verdad, cuando no son sinceros. Ellos piensan que son sinceros. Ellos pretenden ser sinceros. Ellos tienen buenas intenciones. La mayoría de las personas en un grupo como éste, por ejemplo, tienen buenas intenciones, pero la acción es a menudo diferente que la intención.

El Maestro DK dice: *"No se niega la existencia del mundo fenoménico, pero consideramos que la mente lo interpreta mal, y rehúsa verlo tal cual es en la realidad. Consideramos que esta mala interpretación constituye la Gran Ilusión...*

"Un aspirante logra hacer contacto con su alma o ego a través del correcto esfuerzo. A través de la meditación, la buena intención y la correcta técnica, más el deseo de servir y de amar, logra el alineamiento. Él entonces se hace consciente de los resultados de su exitoso trabajo. Su mente se ilumina. Un sentido de poder fluye a través de sus vehículos. Es consciente, al menos temporalmente, del Plan. La necesidad del mundo y la capacidad del alma para satisfacer esa necesidad, inunda su conciencia. Su dedicación, consagración y correcto propósito aumentan el flujo dirigido de energía espiritual. Él conoce. Él ama. Él busca servir, y realiza las tres cosas con mayor o menor éxito. El resultado de todo esto es que se ve más absorbido con el sentido de poder, y con la parte que tiene que desempeñar ayudando a la humanidad, que con la comprensión de un debido y adecuado sentido de la proporción y de los valores espirituales. Él sobrestima su experiencia y a sí mismo. En lugar de redoblar sus esfuerzos y así establecer un contacto más estrecho con el reino de las almas [los Maestros], y amar a todos los seres más profundamente, comienza a llamar la atención hacia él, hacia la misión que tiene que desarrollar, y hacia la confianza que aparentemente el Maestro e incluso el Logos Planetario depositaron en él. Habla sobre sí mismo; gesticula y atrae la atención, exigiendo reconocimiento. Mientras lo hace, su alineamiento se debilita constantemente; su contacto se reduce, y se une a las filas de los muchos que han sucumbido a la ilusión del poder percibido. Esta forma de ilusión está prevaleciendo cada vez más entre los discípulos, y aquellos que han tomado las dos primeras iniciaciones."

Cómo librarse del espejismo

¿Cómo te puedes librar de esta terrible realidad de espejismo e ilusión? El espejismo es, a un nivel inferior, la suma total de todas las reacciones emocionales, y las formas mentales formadas por las mismas, de las masas de personas desde el comienzo de los tiempos. Es interminable, profundo, sórdido e insoportable. Para un Maestro, porque posee una visión clara, tiene que parecer una lucha interminable para librar a la humanidad de este terrible peso.

Cualquier esfuerzo para librar a la humanidad de este peso, los confines del espejismo, tiene que ser un día fantástico para la Jerarquía. Esto se logra a través de la experiencia, aprendiendo a observar los espejismos, reconociéndolos, y trabajando seriamente para superarlos.

Siempre podemos reconocer los espejismos en otras personas; eso es lo más fácil del mundo. Todos los demás tienen espejismos. La dificultad es ver los propios. Ver nuestros propios espejismos, esa es la cuestión. Verlos y medirlos, ver los que son profundos e importantes, como el temor, el peor de todos los espejismos, aquel del cual probablemente surgen todos los peores espejismos. Ver que el temor es la raíz de toda infelicidad, de todo el sufrimiento del mundo, e intentar reconocer las ilusiones. Eso significa utilizar la facultad de la intuición.

Es difícil hacer esto porque tienes que tener intuición antes de utilizarla. Pero todos la tenemos potencialmente, y la intuición es esa facultad de la mente que substituirá a la facultad que la mayoría de las personas tienen actualmente en gran estima, su capacidad de pensar, de racionalizar. La racionalización se ha convertido en la forma en que podemos realizar milagros. Podemos hacer bombas que matarán personas, cientos de miles de una vez. Podemos hacer cohetes que vayan hasta la luna y regresen.

Somos bastante buenos diseñando, no siempre correctamente, porque todo tipo de ilusiones y espejismos entran en el proceso. Los norteamericanos son buenos en algunas cosas y los rusos son mejores en otras cosas, porque las ilusiones de un país específico colorea lo que hacen. Las ilusiones colorean su capacidad de llevar a cabo una tarea, dependiendo de cuánta importancia le otorguen, y cuánto dinero están preparados a invertir.

Por ejemplo, los rusos han conseguido cierta maestría del espacio en cuanto a este planeta concierne, con una relativamente pequeña inversión de dinero. Los norteamericanos han conseguido cosas más espectaculares. Han enviado un hombre a la luna. Los norteamericanos tienen instrumentos mucho más sofisticados de ciertas maneras, pero son tan sofisticados que se estropean. Han habido algunos resultados muy trágicos con el envío de grupos de personas al espacio por una razón u otra. Han habido dos relativamente hace poco. Los trabajadores de la NASA contaban con alguno de ellos, incluso los predijeron, pero a un nivel inferior y por tanto no se tuvieron en cuenta. Estos hombres, a un nivel inferior que los supervisores que tenían la última palabra, advirtieron de un aro de pistón o envoltura, por ejemplo. Ellos advirtieron que se habían fabricado de tal manera que podían fallar, que podían tener una fuga, y de hecho eso fue lo que causó uno de los accidentes más trágicos. Se pronunciaron las advertencias pero no se hizo nada al respecto porque provenían de una persona que no poseía una autoridad específica. Era un trabajador del proyecto pero el espejismo de la autoridad, el espejismo de que una persona con autoridad sabe más que una persona sin autoridad, tomó el control, y estas advertencias no fueron atendidas.

De igual manera, cuando los Maestros advirtieron a los militares norteamericanos, tres meses antes del 11/9, sobre la probabilidad de un ataque terrorista en Septiembre de 2001, no se hizo nada al respecto. Les advirtieron sobre el Pentágono y la Casa Blanca. No dijeron nada sobre las Torres Gemelas, pero Ellos les advirtieron sobre un suceso de gran importancia que tendría lugar y en donde estarían involucrados el Pentágono y probablemente la Casa Blanca. Uno pensaría que se haría algo al respecto. Pero es tan grande la ilusión de que Norteamérica es inexpugnable, tan grande es la forma mental en la mente de las personas que dirigen el país desde el Pentágono, que no se hizo nada. Norteamérica se gobierna más desde el Pentágono que desde la Casa Blanca, aunque ambos tienen funciones diferentes. El Pentágono tiene la última palabra sobre lo que se hace o no se hace. Ellos ignoraron lo que se les comunicó y el resultado fue trágico, la catástrofe del 11/9.

Ese es el resultado tanto del espejismo como de la ilusión. El espejismo es que "Nosotros podemos hacer lo que nos plazca. Somos tan fuertes, tan ricos, tan poderosos", incluso si no fuera el caso. Japón posee el 31 por ciento de la deuda nacional de Norteamérica. Si Japón y uno o dos países más, o incluso si Japón solo, retirara su dinero, haría efectivo los bonos norteamericanos en los que ha invertido, que soportan la deuda nacional, Norteamérica se hundiría. La bolsa caería y caería. Sería una catástrofe para Norteamérica. Eso es todo lo que se necesitaría.

Con toda esa ilusión y espejismo, por tanto, no se esperaban que el 11/9 pudiera sucederle a Norteamérica. Lo hizo, y volverá a hacerlo si las fuerzas de seguridad de este país no se toman con seriedad cualquier advertencia futura. Podrían ser afortunados. Podrían prevenirlo. Podrían haber ya prevenido tales acontecimientos. Es esencial que las personas vean el mundo claramente como es, no como desean que sea.

Norteamérica en el periodo posterior al 9/11 tuvo la simpatía de todo el mundo. Todos amaban a Norteamérica, sentían por Norteamérica. Todos decían: "Eso podría haber pasado en cualquier sitio, en cualquier país desarrollado del mundo". Ahora lo opuesto es lo correcto. Norteamérica es injuriada, es odiada y temida. Es injuriada y odiada porque es temida.

Y es temida porque se recela de ella. Nadie confía en la actual administración de EEUU para que no trastorne el equilibrio del mundo, que es lo que están intentando hacer. Esta es una enorme ilusión, pero una ilusión que podría hacerse realidad. Las ilusiones pueden ser falsas, pero pueden estar relacionas con situaciones reales. La ilusión de que Norteamérica es poderosa y preparada para todo podría ser el mismísimo factor que hizo posible el 11/9.

No es bueno para nadie vivir en la ilusión. Podría parecer más cómodo, pero en esencia te desconecta de la realidad. Desarrolla la intuición. La forma de desarrollar la intuición es meditar, hacer Meditación de Transmisión, la mejor meditación para conseguir el desarrollo del alma y la intuición. La divinidad es ese estado bendecido en el cual ves la realidad con total claridad. Eso no puede lograrse sólo con las facultades de la mente inferior. No es posible ver la realidad sólo con el cuerpo físico, astral y mental.

Como mucho, podemos estar al frente del gobierno, del banco, de la institución. Podemos estar en la cima de nuestra profesión, pero no significa mucho en términos de punto de evolución. Se realizan trabajos extraordinarios por personas cuyas mentes están algo evolucionadas y utilizadas, y no obstante estas mismas personas bien podrían no haber tomado la primera iniciación. De hecho, podrían tomar la primera iniciación antes si no estuvieran al frente del banco, o no fueran rector de universidad.

La evolución tiene que ver con la esencia de ser, con el alcance de la infusión del alma en cualquier momento dado. Si el alma está inmersa en su vehículo, y ve la realidad a través del mismo, entonces podría ser evolucionada. Pero si sólo es capaz de pensar, de utilizar el cerebro, está utilizando las facultades de la mente inferior. Esa no es la forma de medir el punto alcanzado en la evolución. Uno de los mayores espejismos e ilusiones de las personas en los así denominados grupos esotéricos es que piensan, porque son un grupo esotérico, que son bastante evolucionados. Muy a menudo no son tan evolucionados como las personas que no han escuchado jamás de esoterismo o del Maestro DK o de nada parecido. Uno debe ser honesto con uno mismo para ser un discípulo.

[Nota: Las citas de Alice Bailey proceden todas de la sección sobre 'Ilusión' en el libro recopilatorio *Reflexionen sobre esto* de Aart Jurriaanse.]

Ilusión – Preguntas y Respuestas

Versión editada de la sesión de Preguntas y Respuestas con Benjamin Creme de las Conferencias de Meditación de Transmisión 2003 celebradas en San Francisco, EEUU, y Kerkrade, Holanda.

Alma, Personalidad, Intuición

Fue una sorpresa oír que el alma no siempre puede reconocer la verdad porque está viciada por la personalidad. Muchos de nosotros en nuestro grupo estuvimos bajo la ilusión de que el alma era conocedora de todo. ¿Podría ampliar esta cuestión?

Existe un malentendido aquí. El alma es conocedora de todo. El alma no está 'viciada' por la personalidad. El alma no es reducida ni un ápice en su Ser por su incapacidad de manifestarse a través de los vehículos de la personalidad, en este caso el cuerpo mental.

Los vehículos de la personalidad tergiversan lo que el alma ve y presentan eso al alma. A causa de las ilusiones, el cuerpo mental no ve la realidad; no ve la verdad. Así que presenta eso al alma, y el alma trabaja a través del cuerpo mental. El cuerpo mental presenta estas ilusiones como si fueran la realidad y la verdad.

Si el alma no ha alcanzado el punto en el que puede manifestar su luz sin impedimentos a través del cuerpo mental, no afectada por las ilusiones de la personalidad, esto puede inducir a un estado de error de cálculo para el alma porque le presentan datos erróneos. El alma no puede ver la verdad porque la verdad no le es presentada por el cuerpo mental.

Una construcción, una idea, una ideología, una serie de formas mentales, son presentadas al alma en cada momento como la realidad que el alma está viendo a través del cuerpo mental. Podría ser erróneo pero no afecta al alma en su propio plano. El alma permanece perfecta, inviolable. Es simplemente inadecuada para funcionar en este nivel si el vehículo no lo permite, si el vehículo de la personalidad presenta formas mentales distorsionadas sobre la naturaleza de la realidad.

El alma depende de los vehículos. Se equipa con vehículos para poder ver la realidad en este nivel. Cuando estos vehículos son inadecuados, la visión del alma es distorsionada. Eso es la ilusión y lo que hace.

Mi comprensión es que el alma funciona en los cuatro subplanos superiores del plano mental, y que la personalidad funciona en los tres subplanos inferiores del plano mental.

El alma funciona en el subplano más superior (4º) de los planos mentales. Las ilusiones en la mente del individuo condicionan la capacidad del alma de ver la realidad. Si la mente misma no es clara, si presenta una imagen confusa de la realidad, el alma no puede ver con claridad. Eso es lo que es la ilusión, y el problema es que se trata de un problema del alma.

Una mente atrapada en la ilusión obstaculiza la expresión de la luz del alma. La forma de disipar la ilusión es a través de la intuición, que es una cualidad del alma. Esto parece una paradoja. Necesitamos utilizar una cualidad del alma para incrementar la expresión del alma cuando estamos inmersos en la ilusión. Podría explicarlo por favor.

Tienes que utilizar una cualidad del alma para librarte de la ilusión que impide la expresión de la luz del alma. Eso es una paradoja. Existen cosas tales como las paradojas. Tienes que aprender a que te guste la paradoja.

He descubierto que la mayoría de personas odian la paradoja. Piensan que si esto es cierto, entonces aquello no puede ser cierto. Si Norteamérica es el mejor país de todos, si la economía de fuerzas de mercado es la mejor de todas las economías posibles del mundo, entonces no puede ser verdad que exista algo bueno en el comunismo. Yo personalmente pienso que existe lo bueno en el comunismo. Comparad la Constitución rusa y la norteamericana, son muy similares en sus ideales.

El problema con el comunismo es que provino desde arriba. Fue impuesto por unas 10 millones de personas, como mucho, a 250 millones de personas. Tenían que aceptarlo, tanto si les gustaba como si no. No surgió del pueblo sino que fue impuesto desde arriba por el partido. Era muy difícil convertirse en un miembro del partido. Sólo unas 10 millones de personas en realidad se convirtieron en miembros. Ellas gestionaban la Unión Soviética, que era inmensa, y cubría una sexta parte de la superficie del mundo. Lo que excluyeron fue la necesidad de libertad. La libertad individual es esencial. Pero también lo es la justicia. En EEUU tenéis un grado de libertad individual pero poca justicia. Necesitáis tanto la justicia como la libertad. Es una paradoja, pero es verdad. La mejor justicia en el mundo es la libertad. La mejor libertad del mundo es la justicia.

La intuición desarrollada supera la ilusión. Si tienes intuición, no tienes ilusión. No es como si siguieras teniendo la ilusión pero utilizas la intuición para librarte de ella mientras la tienes. Utilizas la intuición, la facultad desarrollada del alma, para clarificar la visión de la vida, que es lo que la ilusión no está haciendo. La ilusión crea una niebla entre el observador y el mundo, y el resultado es fantasía, ilusión. Si se permite actuar a la luz del alma, la intuición, si se utiliza esa facultad, la ilusión no surge.

No es que esa ilusión existe y no puede terminarse. Es cambiada. Intercambias ilusión por intuición. Cuando la intuición es utilizada, limpia la pizarra. Es como un plumero, quitando las telarañas. Todo lo que impide la experiencia de la realidad es limpiado y apartado, y sabes. Cuando sabes desde la intuición, no hay sitio para ninguna ilusión. No surge.

Apreciar la diferencia entre intuición y ensoñación puede ser difícil. ¿Tiene alguna sugerencia sobre cómo distinguirlas?

Muchas personas piensan 'deseando'. Las personas construyen formas mentales todo el tiempo. Esa ensoñación bastante a menudo incluye un escenario en el cual el deseo se cumple. Es como cuando se sueña. Se van a la cama y dicen: "Voy a soñar algo agradable esta noche. Soñaré que estoy de vacaciones, y que es estupendo. Sucede en Hawái, y los cocos caen de los árboles". Lo elaboran, y luego se van a la cama y sueñan. Eso es ensoñación.

¿Cómo distingues entre eso y la intuición directa? La diferencia entre intuición y ensoñación reside en su capacidad de revelar. La ensoñación satisface un sueño, una forma mental, un anhelo, un deseo. Mientras que la intuición, si es verdadera intuición, siempre revela algo; es reveladora. Si no es reveladora, entonces no es intuición en absoluto.

Una cosa que no es la intuición es ensoñación. Desear algo profundamente, con un enorme amor por el mundo, no es intuición. La intuición es la función del alma que observa al mundo y proporciona su revelación, su capacidad de revelar exteriormente al mundo. Sólo puede hacerlo cuando no existen barreras de espejismo, o en este caso, de ilusión, que restrinjan su capacidad reveladora.

El alma sin obstrucciones en su propio plano puede revelar. Conoce el amor y la revelación, y sabe sin pensar. Esa es la esencia de la intuición. El alma no tiene que pensar. Ya sabe. En el nivel en el que puede ser potente en la vida, se revela a sí misma como revelación. La persona entonces comienza a saber sin tener que pensar o racionalizar. La mente racionalista puede ingeniárselas con los efectos de la vida y mente concretas inferiores de la personalidad. Cuando el alma funciona sin limitaciones, entonces la intuición toma el lugar de la racionalización.

Con el tiempo, como una raza, la racionalización –la capacidad de racionalizar, resolver cosas y llegar a una conclusión como resultado– caerá por debajo del nivel de conciencia y será reemplazada por la intuición. Este es el camino hacia delante para la raza en su conjunto. Esto sólo ocurre cuando una persona se infunde de la naturaleza del alma y está trabajando en la personalidad para purificar los vehículos del alma, para permitir que eso tenga lugar.

Los vehículos causan el problema. El vehículo de la mente arroja estas ilusiones, estas formas mentales, ideas, patrones de creencias, todo este pensamiento erróneo, y así el alma no es capaz de trabajar directamente desde el nivel del alma y a través de la intuición para revelar lo que la persona desea saber.

Las personas con un equipamiento mental en la línea de rayos 2-4-6 son más propensos a desarrollar la intuición, al menos antes o más fácilmente, que aquellos en la línea 1-3-5-7. Pero cualquiera que sea la estructura de rayos, el discípulo no es aceptado como tal hasta que la facultad intuitiva está de alguna manera desarrollada y demostrándose.

Estamos hablando sobre personas que están de alguna manera desarrolladas en lo que a la humanidad en su conjunto concierne. Cuanto más evolucionada sea una persona, más funciona la facultad intuitiva, y menos necesita esa persona racionalizar. Esto es cierto para todos los discípulos, sea cual sea la estructura de rayos.

Llega un momento en que el alma misma se desarrolla en dos direcciones. Se vuelve hacia la mónada y recibe la energía de la mónada, pero también se vuelve hacia su reflejo, el hombre o mujer en encarnación.

Forma una cierta unificación profunda, una unión a un nivel muy profundo, entre la mónada y la personalidad. Tiene que ver con la infusión del alma de los vehículos. Al vibrar los vehículos físico, astral y mental de la persona cada vez más al mismo nivel, se vuelven sincronizados. Hay una síntesis producida por el alma.

Cuando el físico y el astral están suficientemente sintetizados y el cuerpo mental al menos comienza a sintetizarse, la demostración de la intuición comienza a tener lugar automáticamente. Cuando la energía de la mónada es traída por el alma, la intuición se refleja como una facultad normal de la persona. Podría todavía estar hasta cierto grado coloreada por la ilusión.

Algunas personas avanzadas han sido tan ilusorias que pensaron que eran el Cristo. Estoy hablando de personas como Bahá'u'lláh y Meher Baba. Bahá'u'lláh introdujo las enseñanzas Bahai, que fueron dadas por Maitreya. Él fue adumbrado por Maitreya, que le dictó las enseñanzas. Bahá'u'lláh mismo, que era un iniciado de tercer grado, pensó que venían directamente de Dios. Él tenía esta ilusión, esta forma mental, de que Dios existía en el cielo y le dictó las enseñanzas. Él las recibía del Cristo pero él pensó que *él* era el Cristo. Eso es ilusión. Esa es una forma mental muy poderosa, una tergiversación de la realidad a un nivel muy elevado. No es simple y automático; las personas evolucionan de manera desigual.

Meher Baba, por ejemplo, era un genio religioso. Era un iniciado de grado 2.4, pero no obstante tenía ciertas fantasías, ilusiones, sobre su propia vida personal. Meher Baba, también, creía que él era el Cristo. Él se hizo muni (dejar de hablar) durante unos 20 años, y luego escribió: "Cuando vuelva a hablar seré el Cristo". ¡Él murió antes que pudiera ser el Cristo! No puedes ser el Cristo con 2.4. Sencillamente no es posible. Ese es un gran espejismo, o en este caso, ilusión.

¿Cuál es la diferencia entre espejismo e ilusión?

Es la misma ilusión –es decir, una ausencia de claridad, de luz, de revelación, de significado. Si tu mente está cerrada o oculta de la verdad entonces estás viviendo en ilusión. Si se experimenta como una emoción entonces es espejismo; si es una noción mental o idea, entonces es ilusión.

El espejismo es ilusión en el plano astral/emocional. La ilusión es ilusión en el plano mental. Involucra al alma porque el alma está utilizando el plano mental que tiene que ser claro. Si no es claro, el alma no es clara, no puede observar con claridad al mundo. Observa al mundo a través de una masa de ilusiones, de las cuales la persona no es consciente. La persona piensa que es alguien listo. Tiene ideas brillantes. Lidera al grupo hacia un gran nuevo futuro. Es un líder de estado, está desarrollando las armas para convertir a su país en el mejor y más poderoso del mundo. Se está convirtiendo en un gran hombre.

Las personas en todos los grupos, aunque probablemente no lo saben, están llenas de ilusiones: sobre sí mismas, su sinceridad, su devoción a la causa. Han consagrado sus vidas al servicio. Dejemos que vean con claridad. Si cualquier aspecto de sus vidas se ve amenazado, cuando surge cualquier amenaza a su bienestar, su 'zona de confort', entonces veamos de dónde provienen su consagración y devoción. Cuando miren, verán que a menudo lo que piensan que están haciendo no es lo que realmente están haciendo.

Todos tienen ilusiones. No es algo que podamos evitar en la vida. Las tenemos, y tenemos que librarnos de ellas, abordarlas. La única forma de abordar las ilusiones es desarrollar la intuición. ¿Cómo lo haces? Lo hacemos controlando la mente, porque es la mente controlada la que puede evitar la ilusión. Existen todo tipo de técnicas de control y desarrollo de la mente.

En primer lugar, yo sugeriría como un medio para comenzar a controlar la mente, emplear el poder de la mente, descubriendo dónde realmente está la mente. ¿Qué porción de la mente está a nuestra disposición o qué porción está fragmentada en el subconsciente y alimentando todas esas formas mentales que producen el espejismo y la ilusión?

Existe una técnica de autohipnosis que puedes desarrollar. Un libro de un canadiense llamado Rolf Alexander titulado *El poder curativo de la mente* describe una técnica de autohipnosis, la gradual liberación de la mente de la fragmentación del subconsciente. La mente subconsciente debe ser subconsciente. Debe proseguir inconscientemente realizando tu digestión, alimentando tu sangre y células a través de las diferentes partes del cuerpo, un proceso puramente automático por debajo del umbral de la conciencia.

Las emociones del individuo son el resultado del uso incorrecto de la energía del plano astral. El plano astral deber ser un lago tranquilo y calmado, en el que la energía que denominamos buddhi, el segundo de los tres aspectos del alma, puede reflejarse. Cuando se refleja, tienes intuición. La visión del alma reflejada como buddhi proporciona la intuición. Allí donde haya la confusión normal del cuerpo astral, que la mayoría de personas tiene, no hay un lago tranquilo en el cual el alma pueda reflejar su conciencia búddhica.

El poder curativo de la mente es muy interesante por el hecho de que proporciona un proceso muy sencillo de autohipnosis por el cual puedes liberar la mente de su fragmentación del subconsciente. Cada vez que te vas a dormir sueñas. Sueñas tanto si te acuerdas del sueño como si no, pero los sueños son tan solo el resultado de la facultad de formar pensamientos de la mente humana. El proceso es tal que la mente, que no es accesible cuando se duerme, se hace accesible en forma de sueños. El proceso de formar pensamientos prosigue, y tienes los sueños más maravillosos y creativos.

Los sueños son como películas. Puedes crear cualquier cosa en ellos. Sencillamente piensas en ello, y está instantáneamente en tu sueño. En el plano mental la misma actividad tiene lugar sólo en un giro más elevado de la espiral, involucrando ideas y conceptos en vez de deseos. Inhibe la capacidad del alma de ver la realidad.

En *El poder curativo de la mente*, en primer lugar, te vas a dormir. Te proporcionas ciertas afirmaciones. Te das un cierto tiempo para despertarte. Te despiertas y gradualmente desarrollas lo que hay en las afirmaciones. Tu mente, de estar fragmentada en el subconsciente, gradualmente se eleva. Tu cuerpo permanece dormido, pero tu mente se eleva fuera de ese cuerpo dormido que está sellado, no puedes moverlo. Cualquiera puede hacerlo; es muy sencillo. Tu mente se eleva hacia arriba y arriba y fuera, y entonces tienes claridad. Es una experiencia completamente diferente de la mente que la mente absorbida en el subconsciente, que es la condición normal.

El grado en el cual tu mente está sumergida en el inconsciente es el grado en el cual estás limitado en la mente. Cuando tu mente está parcialmente sumergida, tienes toda la energía del plano mental. Cuanto más esté tu mente absorbida y fragmentada, ese será el grado en que no estará disponible para ti como persona. Tan pronto como comienzas a liberar tu mente de este proceso de fragmentación, liberas la energía de la mente, y tu mente crece en relación a ello. Al ser libre, también está libre de ilusión, y eso permite a la intuición entrar en juego.

¿En nuestro nivel (punto de evolución)*, entra en juego la distinción entre ilusión y espejismo?

Lo hace, de otro modo yo no hubiera dado esta charla sobre ilusión. Es importante para discípulos, probatorios o aspirantes al discipulado que despierten a la naturaleza del espejismo, la naturaleza de la ilusión, y cómo esto restringe la facultad del alma en su proceso de revelación. Es muy beneficioso para el grupo abordarlo.

[* En referencia a las personas que mayoritariamente están astralmente polarizadas en su conciencia, en algún lugar entre 0.8 y 1.5 en evolución.]

¿Qué tipo de técnicas de control mental nos podrían ayudar a desarrollar más intuición y a utilizar menos la mente racional?

Tú no deseas utilizar menos la mente racional. Lo que sucedería es que la facultad de racionalización caería por debajo del nivel de conciencia. Eso no significa que dejemos de utilizar la mente racional.

Utilizas las facultades que tienes. Si tienes una mente para racionalizar entonces utilízala. Pero no la uses cuando no funciona. No funciona en el nivel superior, sólo en los planos mentales inferiores.

Los científicos ignorantes del mundo piensan que la mente racional lo hace todo. Piensan que pueden hallar la respuesta a todo problema, todo conocimiento que es posible hallar puede hallarse con su mente racional inferior.

Están equivocados, sus mentes están cerradas. Incluso no leen libros como los del Maestro DK, que les enseñarían más sobre la facultad de la mente que cualquier cosa de todos los libros de su propia ciencia. Estando cerrados, son ignorantes y extremadamente arrogantes. Hasta tal punto que pueden decir que un 'milagro de la leche' es causado por la acción de la capilaridad: que la leche de alguna manera gotea sobre los diminutos surcos de las estatuas de bronce, cobre o latón y que la estructura de alguna manera absorbe la leche y la hace desaparecer. Pueden afirmar eso, pero es ilógico y poco científico.

Ellos también se niegan a abrir sus mentes al gran volumen de información sobre ovnis y círculos de las cosechas. Se niegan a abordar la evidencia que se va acumulando en todo el mundo, porque no conocen las respuestas y temen decir: "No lo sé".

Sucede lo mismo con cada uno de los así denominados milagros. Un milagro es sólo un milagro si no conoces la ciencia. A causa de las restricciones de la mente inferior, y a causa de la ignorancia y arrogancia de los científicos, que les ha conducido a enunciar ciertas leyes en el mundo (todo tiene que comportarse dentro de estas leyes tanto si son leyes de la Tierra como si no), ellos no ven (porque se niegan a ver) que nos encontramos en medio de la más extraordinaria manifestación de la relación entre planetas que nunca tuvimos en este planeta.

Cierran sus mentes a ello deliberadamente porque temen mostrar su ignorancia. Están apoyados por todos los cuasi-científicos que siguen esta actitud, la elogian, y piensan que es ciencia. 'Reglas de la ciencia' –pero la ciencia no sabe casi nada. La ciencia moderna conoce una ínfima fracción de la naturaleza del universo o incluso del planeta Tierra, o de las leyes que gobiernan la manifestación de un planeta o un sistema solar. Cuanto antes se bajen del pedestal en el cual se han colocado, antes encontrarán las respuestas a algunos de sus problemas. ¡Son principalmente psicológicos!

Si la meditación y el control mental desarrollan la intuición, ¿podría explicar la forma de inducir el control mental?

He mencionado formas y medios: meditación, autohipnosis. Existen muchos métodos. Los Maestros en Sus escuelas de entrenamiento, enseñan control mental. Es una de las cosas, especialmente cuando una persona se acerca a la tercera iniciación. Ellos enseñan control mental y la capacidad de abordar la ilusión. Normalmente, cuando una persona está trabajando para la tercera iniciación, se da por hecho que él o ella habrán, a todos los efectos, dominado el espejismo. No sufrirán de espejismo en un grado extenso.

En mi experiencia, sin embargo, el espejismo continúa. Pienso que sólo un Maestro está completamente libre de espejismo. Pero no se denominaría espejismo. Se llamaría probablemente ilusión. La ilusión en el plano mental involucra a la mente, así que es específico y necesita de una especial atención y tratamiento.

Las personas reciben enseñanza y entrenamiento, y nadie menciona esto. El proceso de enseñanza ha cambiado en la Jerarquía a causa de la transformación de la vida moderna y las comunicaciones modernas. Tiene las puertas abiertas todo el día, más o menos. Más personas tienen trabajo ahora durante toda la noche como nunca antes en la historia del mundo. Y más personas, si no tienen trabajo, se quedan levantadas trabajando de alguna manera, o hablando.

La luz artificial ha facilitado el trabajo de noche, y la mecánica de nuestra sociedad moderna ha inducido el trabajo durante las 24 horas. Así que la Jerarquía se ha adaptado, y si trabajas de noche, puedes entrenarte durante el día. Cuando estés dormido podrás ser entrenado.

¿Es moverse más allá del pensamiento parte de la clave para el control mental y el fin de las ilusiones? Si es así, ¿es moverse más allá del proceso del pensamiento lo que provoca que la luz del alma entre en la mente y así desarrolle la intuición?

Sí. Moverse más allá del proceso de pensamiento es una meditación. La meditación es una de las formas de 'controlar' la mente, no controlándola, denegando a la mente la posibilidad de pensar, eso es inhibir, simplemente sofocar, a la mente en su proceso de pensar. Ir más allá del pensamiento no es sofocar el pensamiento.

Ir más allá del pensamiento es literalmente ir más allá del pensamiento. Ese es un proceso de meditación, muy utilizado en Oriente por los Maestros y Avatares. Es un proceso de 'sumergirse dentro', como ellos lo denominan. Encuentras la fuente del yo, el pensamiento 'yo', que encuentras que está en el centro del corazón, la morada del alma en el cuerpo físico etérico. Al ser consciente del pensamiento 'yo', vas más allá de ello. Te sumerges hacia dentro en el pensamiento 'yo'.

En el proceso puedes pensar: "¿Quién soy yo? ¿Quién soy yo?" Descubrirás que señalas al centro del corazón como la fuente del 'yo'. Para encontrar al 'yo' debes localizar al pensamiento 'yo'. Descubres que el pensamiento de 'yo' y la respiración provienen de una única y misma fuente. Cuando aminoras la respiración, aminoras el proceso de pensar. Cuando se reduce hasta que apenas está funcionando, puedes sumergirte dentro del centro del corazón, hasta el alma. Eso es ir más allá del pensamiento, pero ese es un estado de meditación.

En ese estado de meditación no aparecen ilusiones. Al meditar de esta forma, te liberas, en gran medida, de establecer futuras ilusiones. Mientras la realizas no puedes pensar, porque has ido más allá del pensamiento. Es un proceso de meditación más que un proceso de pensamiento.

Pensar correctamente es pensar sin ilusión, que no es lo mismo que meditación. Meditar correctamente, es liberar tu mente de ilusión, porque aclara la mente.

¿Es la Meditación de Transmisión más beneficiosa para disipar el espejismo personal y mundial que las técnicas dadas anteriormente por el Maestro DK en *Espejismo: un Problema Mundial*?

Más beneficioso porque es más efectivo. Es para personas que están preparadas y son capaces de servir, pero probablemente al mismo tiempo se supone que ponen en práctica en sus vidas personales las técnicas dadas anteriormente por el Maestro DK en *Espejismo: un Problema Mundial*. El espejismo es espejismo sea lo que hagas. Si haces Meditación de Transmisión, el espejismo gradualmente desaparecerá. No es una cosa o la otra, sino juntas.

¿Cuál es el significado de la afirmación "Tenemos que observar a los espejismos sin ilusión"?

La mayoría de personas tiene tanto espejismos como ilusiones. Las ilusiones tratan con ideas, con formas de pensamiento mentales. Todos las tienen. El cuerpo mental del mundo, el plano mental, está lleno de miles de millones de formas pensamiento –enormes, pequeñas, siempre crecientes, siempre cambiantes. Estas son formas pensamiento mentales.

También existen formas pensamiento astrales/emocionales; ellas implican en su lugar la acción de las emociones. Con las formas pensamiento emocionales experimentamos un sentimiento, una sensación, y le ponemos un significado. Ese significado, si no es cierto, es espejismo. Sólo puedes saber si es espejismo por la acción del cuerpo mental sobre ello. El espejismo se supera con la luz del alma trabajando sobre el espejismo a través del cuerpo mental. La visión del cuerpo mental debe utilizarse para superar el espejismo. La luz del alma, que es la intuición, tiene que utilizarse para superar las formas pensamiento mentales que son ilusiones. Son ilusorias o son ciertas. La verdad está siempre allí, no tienes que descubrirla. Si no tienes espejismo, no experimentas sentimientos fantasiosos; tus sentimientos son verdaderos. Provienen del corazón, no del plexo solar; no es un uso incorrecto de la energía astral. Si las ideas son verdaderas, provienen del alma y son creativas, reveladoras, iluminadoras. Si son ilusorias, son falsas. Se necesita de la intuición, la luz del alma, para mostrar su falsedad.

¿Cómo reconoces si tu intuición es pura y no está teñida por la ilusión y el espejismo?

Mirando a ver si funciona. Cuando la intuición está funcionando, sabes porque sabes porque sabes. No tienes pensamientos sobre eso, sencillamente sabes que es así. ¿Cómo sabes que es intuición y no ilusión? Por experiencia. Porque funciona. Porque ilumina. Porque se ajusta a las enseñanzas dadas durante miles de años y no es una fantasía.

La siguiente fase del desarrollo humano es realmente el desarrollo de la intuición. Las personas de Europa y Norteamérica, en particular, son la quinta subraza de la quinta raza raíz, que utiliza el 5º rayo [de la Mente Concreta] como su vehículo particular de expresión. Esto ha llevado a la gigantesca explosión de la ciencia en el mundo durante los últimos 120-130 años. Es el resultado de que ese rayo esté siendo enviado al mundo en tremenda potencia. Tiene buenos y malos resultados. Ha abierto la mente de las personas a las realidades del mundo físico. Se ha librado de miles de supersticiones, y también ha creado si propio tipo de supersticiones. Ha cerrado las mentes de millones de personas (en particular a los mismos sabios científicos) a la naturaleza más profunda de la realidad, pero, por otro lado, ha llevado al desarrollo de la radio, la televisión, los teléfonos, los faxes, los correos electrónicos.

Esa es la forma en la que el estímulo del 5º rayo ha activado nuestra capacidad para inventar, para descubrir la naturaleza de la electricidad, o al menos comenzar a hacerlo, y para la difusión de información a través del campo eléctrico, etcétera. Existe una gigantesca ilusión unida a ello porque deja fuera, necesariamente, un inmenso campo de experiencia que no tiene nada que ver con este mundo físico concreto. Limita la experiencia de la humanidad al plano físico denso. Esa es la razón por la que es tan difícil hacer comprender ciertas ideas en la actualidad. Ha llevado años y años informar al mundo sobre la reaparición del Cristo. Debería ser capaz de hacerlo en un par de años. Debido a la fragmentación de la realidad en tan solo el plano físico, existe un gran e incrédulo escepticismo planeando sobre nosotros, creado por el 5º rayo de la mente inferior. Es correcto en su propio nivel, por supuesto. El fallo, la ilusión, es que los científicos confunden el nivel que ven con la totalidad. Por supuesto, no lo es. Sólo es un nivel.

Observan un bosque y no lo ven como un bosque sino como muchos árboles. Cuentan los árboles. Saben que es un bosque porque han contado los árboles. Habiéndolos contado, lo aceptan como un bosque. Pero sólo ven árboles.

La siguiente subraza de la 5ª raza raíz presenciará el desarrollo de la intuición a escala masiva. ¿Así que cómo reconoces que es realmente intuición? Es una cuestión de experiencia, lo reconoces a través de la experiencia desapegada. Cuando has pasado a través de esta lucha con el espejismo y la ilusión, te vuelves cada vez más desapegado. Ese mismo desapego te proporciona un instrumento para observar a la ilusión. Ves que sólo se trata de ilusión, no tiene ningún significado, no es intuición, es ilusión.

Cuando fui entrenado al principio por mi Maestro, yo leía algo y pensaba que realmente lo había entendido. Entonces le preguntaba: "¿Es una cuestión de tal y tal cosa?" Y Él decía: "¡Exactamente! ¡Exactamente!" Entonces yo pensaba: "Soy bastante bueno, he comprendido eso". Entonces más adelante, con otra cosa, yo ponía en funcionamiento de nuevo mi 'intuición' y Él decía: "Exactamente". Pasaron meses hasta que comprendí que Él sencillamente estaba diciendo: "Exactamente". Él no decía "Tienes razón" sino, "Exactamente, lo has dicho. Eso es lo que has dicho". Tienes que aprender cómo piensa un Maestro: Él conoce cualquier ilusión, cualquier pequeño truco de la mente o del cuerpo astral que crea ilusiones y espejismos. Él los conoce porque los ha visto miles de veces antes. Él ve que todos sus discípulos los tienen, uno más que otro, montones de espejismos e ilusiones.

Cuando actuamos desde nuestro corazón, aquellas acciones están infundidas por el alma. ¿Cómo puede uno distinguir entre actuar desde nuestras emociones y actuar desde el corazón?

Ahí es donde entra el desapego, es una cuestión de cuán desapegado estés –y es una cuestión de cuán experimentado seas.

¿Cómo definir la intuición? ¿Cómo hacemos avanzar la intuición? ¿Qué no es intuición? ¿Cuáles son las características de la intuición?

Las características de la intuición son su propiedad reveladora, su inmediación en tiempo y espacio. No hay pensamiento, ni racionalización, ni tiempo. Es un conocimiento instantáneo de lo que es. Si la tienes, lo sabes. No es como si supieras y podrías estar acertado o equivocado. Si es intuición, sabes y sabes que estás en lo cierto. Es una facultad muy especial del alma para revelar la naturaleza de la realidad.

¿Qué no lo es? No es para nada formación de pensamientos. No es el proceso de inventar grandes esquemas. No es el proceso de imaginar tu amor por toda la humanidad. No es en sí misma el proceso de la conciencia despierta de que somos uno, aunque ese estado de conciencia despierta de unicidad puede conducir a esa claridad de mente que permite al alma demostrarse a través de ella. Es más fácil decir lo que no es la intuición que decir lo que es.

¿Podría explicar cómo ejercitar la intuición?

No te sientas y ejercitas la intuición. Es la revelación de una facultad. Se hace sentir cuando el vehículo mental está lo suficientemente libre de ilusión para permitir al alma funcionar.

Ningún hombre o mujer es escogido por un Maestro salvo un postulante que no posea la facultad de la intuición desarrollada en algún grado. No se convertirían en discípulos aceptados a menos que esa facultad esté allí. Es una facultad humana natural que comienza a manifestarse cuando el alma infunde suficientemente a los cuerpos, y en especial el cuerpo mental, lo que permite al alma arrojar su luz en el mundo, el mundo de la mentalización, pero también en los planos astral y físico. Entonces el alma puede ver el mundo tal cual es. Pero si la mente misma está llena de ilusión, el alma no puede ver el mundo tal cual es. Recibe una idea totalmente ilusoria del mundo. Ese es el problema de todos.

¿Es estar seguro de cualquier cosa, una idea o incluso el conocimiento obtenido a través de la intuición, una señal de sufrir de ilusión?

Normalmente, sí. Si es intuición, estás seguro. Sabes porque sabes porque sabes. No hay negación. Si trabajas bajo la influencia de la ilusión, podrías estar igual de seguro, pero estás seguro sobre algo que es claramente erróneo. No se relaciona con la realidad. La prueba es, ¿se relaciona con la realidad o no, o es tan solo una ilusión, una forma mental? Cuando es una ilusión o una forma mental, descubrirás que no coincide con la realidad, y que no revela nada.

¿Podría decir algo sobre el valor que un discípulo debe tener?

Tiene que tener valor. Necesitas valor para abordar tus espejismos. Se necesita valor para cambiar. El espejismo, como la luz, tiene una emanación —al igual que la sabiduría o el amor tienen una emanación.

Es muy fácil ver los espejismos en las *otras* personas pero no en nosotros. Si otros tienen espejismos, puedes estar seguro de que tienes también espejismos. Estás destinado a tener algunos de ellos. Si los tienes, necesitas valor para reconocerlos. Incluso se necesita valor para admitirlo a ti mismo.

Luego están las ilusiones del plano mental, que cualquier persona inteligente y pensante está casi destinada a tener. Las personas en estos grupos son principalmente, aunque no exclusivamente, personas inteligentes y pensantes que tendrán la tendencia a tener la ilusión como su principal problema, en lugar del espejismo. Las personas que sufren de ilusión son normalmente personas que hasta cierto punto (incluso si aún no han tomado la segunda iniciación) se han librado de los espejismos del cuerpo astral, y lo han solucionado hasta un grado en el que pueden con ello. ¡Así que no tiene que ir corriendo al psicoanalista!

La mente puede observar las emociones y dirigir su luz a los espejismos del cuerpo astral. Esto requiere valor para llevarse a cabo. Se necesita valor para cambiar, para estar preparado para cambiar, para sortear el obstáculo, para renunciar. Principalmente, la evolución es un proceso de deshacerse de cosas. Se necesita valor para cambiarse a uno mismo y para comenzar a hacer cosas —como Meditación de Transmisión. Algunas personas temen a la Meditación de Transmisión porque han oído que te cambia. Temen ser cambiados, y la Meditación de Transmisión te cambia.

En términos de disipar el espejismo y la ilusión, ¿sería útil pronunciar la Oración para la Nueva Era en nuestra meditación personal diaria? Si es así, ¿cómo ayuda esto a iluminar la mente? ¿Y sería útil visualizar la limpieza de las telarañas de la mente? [Para el texto de la oración, ver el final del libro]

La Oración para la Nueva Era es dada por Maitreya para proporcionarnos un sentido de nuestra realidad, dónde estamos en el esquema de las cosas, para infundir en nuestras mentes la idea de nuestra divinidad esencial. Si verdaderamente tienes un sentido de tu divinidad, entonces no tienes los espejismos. Realmente ayudaría a liberar la mente de estos espejismos. Pero tienes que hacerlo. Tienes que sujetarte a la respuesta a ello, qué despierta en ti cuando la dices. Cuando la dices, despierta cierto sentimiento en ti. Si puedes mantener ese sentimiento todo lo que puedas durante el día, y volverla a decir y mantenerlo, y utilizarla de esa forma, con toda seguridad disipará la ilusión de tu mente. Pero si tan solo la dices mecánicamente, no pienso que puedas esperar mucho.

Parecería que muchos espejismos e ilusiones surgen de la gran ilusión de que estamos separados unos de otros. ¿Es 'comportarse como' o ser consciente intelectualmente del alma, y por tanto de nuestra verdadera conexión unos con otros, suficiente para trascender esta ilusión?

No. No es suficiente trascender la ilusión, pero podría ser un paso en la dirección correcta. Saber de forma teórica que somos un alma no impide que uno esté lleno de espejismo e ilusión. Saber de forma teórica que uno forma parte de una raza humana que es una entidad sin separación, no separada de ninguna partícula de todo el cosmos, no te libra de la ilusión por sí solo.

Tiene que ser una conciencia despierta. Lo único que te libra de la ilusión es la conciencia despierta. Eso proviene de experimentarte como un alma, tienes que realmente experimentarte como un alma. Cuando te experimentas como un alma, te comportas como un alma. No construyes estas fantasías, esta fantasmagoría de ilusión. Entonces ves con claridad y no te metes en las mismas dificultades.

¿Cuándo usted dice "alguien que te muestre tu espejismo todo el tiempo", se refiere a otra persona diciéndote cuál es tu espejismo?

No, no alguien diciéndote cuál es tu espejismo, pero relacionándote al espejismo en cada oportunidad, porque a menos que lo veas, no sucede. Cuando lo ves, piensas: "¿Realmente soy así? Sí, realmente soy así. Así soy precisamente". Cuando ves esto, el espejismo pierde su control. Gradualmente con la Meditación de Transmisión, que es servicio, y estando activo en otros campos del trabajo de la Reaparición, pierdes esta fascinación contigo mismo y con tu espejismo. Las personas aman hablar y pensar sobre ellas mismas. Sobre todas las cosas, sentarse y hablar sobre uno mismo, incluso sobre los propios espejismos, es el juguete más popular del mundo.

O los abandonamos y decimos: "Bueno, estaré perdido para esta encarnación. Nunca iré más allá de este espejismo", o hacemos algo al respecto. Todo lo que tenemos que hacer realmente es reconocer el mecanismo. Mírate a ti mismo y observa el mecanismo de su acción. De esa forma le quitas la fuerza, y se disipa. Algunas personas necesitan a otro para que se lo muestre, pero idealmente te lo tienes que mostrar a ti mismo.

¿Cómo afectan nuestras estructuras de rayos a nuestra tendencia al espejismo o la ilusión?

Todos, en todos los rayos, pasar por el espejismo. No serían humanos si no lo hicieran. Algunos rayos son más propensos, y algunas personas, en el mismo punto de evolución, son menos propensas al espejismo, pero más propensas a la ilusión.

Los rayos 2-4-6 probablemente tenderán a tener más espejismos, es decir ilusiones de una naturaleza astral, emocional, que los rayos 1-3-5-7. Eso no significa que los rayos 1-3-5-7 no tengan espejismos. Realmente los tienen.

El rayo 1 tiene espejismos como también lo tiene el rayo 3. El rayo 5 tiende a superar el espejismo con más rapidez. No parecería que fuese el principal problema para personas con una combinación de 5º rayo mental y 5º rayo cerebral. Hasta cierto punto depende de los subrayos, pero si el cuerpo mental está fuertemente influenciado por el 5º rayo, esa persona normalmente sufrirá de ilusión más que de espejismo. Por supuesto, en vidas anteriores la misma persona podría haber sufrido de ilusión en forma de espejismo. Las personas tienen un 5º rayo mental sólo cuando han llegado a cierto punto de evolución, no sirve de gran cosa tenerlo antes. La persona de 3er rayo igualmente tiene la propensión para el estímulo mental, lo que no significa que la persona de 3er rayo esté libre de espejismo, pero con más probabilidad construirán formas mentales de la actividad del 3er rayo en el cuerpo mental. El 1er rayo tiene espejismos cuando está en la personalidad, no existen muchos astrales del 1er rayo. El 1er rayo en el cuerpo astral crea un tipo de persona más bien fría y mandona, especialmente si tiene el rayo 6 en otra parte. El 1er rayo en el cuerpo mental tenderá a no mostrar espejismo sino ilusión. Algunas veces estas ilusiones son de gran envergadura.

El espejismo en su peor expresión a menudo dura hasta que se toma la segunda iniciación. La mayoría de las personas cuando son capaces de tomar la segunda iniciación han superado en gran medida, utilizando la palabra bastante libremente, los problemas del espejismo, pero no los problemas asociados con la ilusión. Una vez que se ha tomado la segunda iniciación, normalmente se supera el problema del espejismo, o va desapareciendo. No es una 'enfermedad' tan poderosa, dependiendo en gran medida en la estructura de rayos. Ciertos rayos, como el 2, 4 y 6, por ejemplo, están muy sujetos al espejismo, y, en mi opinión, exhiben el espejismo en la segunda iniciación e incluso más allá de ella. Conozco históricamente de personas que eran iniciados de segundo grado que, en mi opinión, tenían obviamente espejismos bastante definidos.

El principal problema de las personas por encima de la segunda iniciación es la ilusión. Los rayos más 'intelectuales', los rayos 3 y 5 en el cuerpo mental, son propensos a la ilusión. La persona de 5º rayo puede ser exacta, veraz y de pensamiento claro, debido a la falta de espejismo, pero el problema de la ilusión es enorme para el 5º rayo. El científico de 5º rayo, que cree que no existe nada más allá de lo que puede medirse con instrumentos o verse en el microscopio, ve muy claramente y comprende la función. Él mira al mundo y comprende cómo funciona. Puede construir modelos de estructuras de ADN y puede analizar muestras de ADN y relacionarlas con un individuo. Todo eso es una función del tipo de pensamiento, de la ciencia del 5º rayo. Estas personas sufren más bien de formas pensamiento del conocimiento. Piensan que saben porque han analizado y estudiado todo. Han observado el cielo, han estudiado la naturaleza, la calidad del aire, saben cuán grande es el sistema solar, y cuánto llevaría trasladarse de una parte a otra, etcétera. Todo eso podría ser cierto en un nivel, pero no es la verdad de la naturaleza de la realidad. Sus ilusiones son inmensas.

Esa es la razón por la que yo llamo a los científicos –aquellos que creen que las construcciones de círculos de las cosechas más elaboradas y hermosas del mundo son hechas por 'Doug y Dave', o vientos anómalos– ignorantes y arrogantes. No son capaces de decir: "No sabemos". Aquellos que ven ovnis volar a miles de kilómetros por hora desde un extremo del cielo hasta el otro, divisados por cientos de miles de personas a lo largo de los años, son desaprobados por los científicos con mental del 3ᵉʳ o 5º rayo, diciendo que ellos saben más, pretendiendo que se trata de pájaros volando o globos meteorológicos que brillan con luz, dividiéndose en trozos, en decenas de luces, y volviéndose a unir, ¡los globos hacen eso!

¿Al hacernos conscientes, dejar marchar nuestras ilusiones y espejismos, que relación o efecto tiene en nuestro karma?

Dejar marchar las ilusiones altera nuestras acciones. A través de la Ley de Causa y Efecto, eso inevitablemente altera nuestro karma.

Iniciados e Ilusión

Creo que usted ha dicho que fue la personalidad de H.P. Blavatsky y no su alma la que trabajó a través de la Sociedad Teosófica. ¿Cómo puede alguien que es una iniciada de cuarto grado, y por ello una personalidad infundida por el alma, no tener al alma trabajando a través de su trabajo de servicio? ¿Es eso ilusión o espejismo?

No es ni ilusión ni espejismo. Es sencillamente el hecho de que el alma de H.P. Blavatsky no estuvo involucrada en su trabajo en la Sociedad Teosófica. Lo que estuvo involucrada fue su personalidad infundida por el alma. Ella realizó todo su trabajo como una personalidad infundida por el alma. El alma de un iniciado de cuarto grado ha sido reabsorbida en la mónada, así que no existe como un aspecto separado.

La personalidad es un vehículo para el alma, pero desde el punto de vista monádico, la personalidad infundida por el alma no es lo mismo que el alma misma. El alma es reabsorbida por la mónada en la cuarta iniciación, y así sólo existe la mónada, con el alma reabsorbida, y la personalidad infundida por el alma. Las energías, los poderes, las cualidades del alma se están expresando a través de la personalidad. El objetivo es que la mónada trabaje al final a través de la personalidad en el plano físico. Esto se consigue en la quinta iniciación. El alma prepara el camino, sintonizando los vehículos, cada vez más finamente, vibrando cada vez a niveles más elevados, hasta que puedan soportar la unión de las energías de la mónada, que son tan elevadas, y el vehículo físico.

Los cuerpos cambian sutilmente, gradualmente, con la infusión de cada vez más partículas subatómicas. En el momento en que una persona es un iniciado de cuarto grado, es tres cuartas partes subatómica y una cuarta parte atómica. La persona es tres cuartas partes luz y una cuarta parte materia atómica. En la quinta iniciación ese proceso se completa, el cuerpo de un Maestro es 100 por ciento materia subatómica o luz. Es físico, pero ese físico es ahora luz. Estamos en la vida para espiritualizar la materia del planeta, y lo hacemos espiritualizando el aspecto materia de nuestros cuerpos. En una habitación de personas con algún estatus iniciático, existe más iluminación, más luz en la habitación emanando de los cuerpos. Si fuéramos todos Maestros, sería simplemente un gran rayo de luz.

Un iniciado de segundo grado debería estar libre de espejismo. Hitler fue un iniciado de segundo grado, ¿pero estaba libre de espejismo?

Yo no pienso que los iniciados de segundo grado estén necesariamente totalmente libres de espejismo. Son capaces de tomar la segunda iniciación porque han alcanzado un relativo dominio del plano astral, pero no significa que estén totalmente libres de espejismo. No obstante, el problema de Hitler fue la ilusión. Hitler fue obsesionado por dos miembros de la Logia Negra. Él era un médium y ellos trabajaron a través suyo. Esa es la razón por la que podía dar palmaditas en la cabeza de los niños y sus amigos le encontraban bastante agradable, pero cuando era obsesionado y hablaba a la gente, era un terrible lunático porque ellos hablaban a través de él. Ellos se apropiaban de su cuerpo y él decía lo que le hacían decir. Era ilusión, profunda ilusión. Pero también, si él no hubiera sido un médium, no hubiera sucedido. Él probablemente hubiera tenido las ilusiones pero no hubiera sido capaz de llevarlas a cabo. Él había tomado la segunda iniciación pero era una personalidad perversa –sólo una personalidad perversa querría gobernar el mundo y esa era su meta, gobernar y controlar el mundo durante mil años. El Tercer Reich duró 12 años.

¿Cómo es posible que una mala persona como Hitler pudiera tomar la segunda iniciación?

El iniciado de segundo grado tiene cierto poder. Cada iniciación confiere al iniciado poder que puedes utilizar bien o mal. Es el mismo poder pero él era una personalidad neurótica y perversa, y además un médium, así que podía ser obsesionado, como lo fue, por miembros de la Logia Negra. Él trabajó con un grupo de siete personas en Alemania, junto a un grupo de militaristas en Japón y un grupo alrededor de Mussolini en Italia. Ellos se convirtieron en las Fuerzas del Eje: el eje Berlín/Roma/Tokio contra los Aliados, detrás de quienes estuvieron los Maestros de nuestra Jerarquía. Hitler hubiera dominado el mundo durante el tiempo que hubiera vivido –eso es, no sólo Hitler, sino las fuerzas oscuras que trabajaron a través suyo. Él fue sólo un agente, un exponente del mal, pero ellos necesitaban una personalidad o grupo perversos para usar como canal.

Algo similar está sucediendo en la actualidad con el grupo del Pentágono en EEUU, los sionistas en Israel y un grupo en Europa del Este, que utilizan el mismo tipo de energía –afortunadamente, a menor potencia. Esta guerra en Irak y el empuje general de las ambiciones del gobierno republicano norteamericano, y de la opresión del gobierno israelí sobre el pueblo palestino, forman parte de ese mismo flujo energético. Esa es la razón por la que es tan peligroso. Mi Maestro ha dicho que se necesitará de la fuerza combinada de la Jerarquía y la humanidad para librar finalmente al mundo de esa energía perversa.

Puedo entender el triángulo del mal en EEUU e Israel, ¿pero qué hay de Europa del Este?

¿Qué me dice de Milosevic como un ejemplo? Existe un grupo de países en el antiguo Bloque del Este que conforma el tercer punto de ese triángulo.

[Nota del Editor: Se aconseja a los lectores consultar el debate específico sobre espejismo en *El Arte de la Cooperación*, Segunda Parte 'Espejismo' de Benjamin Creme.]

La ilusión en relación al trabajo de los grupos de la Reaparición

En un intento de llegar a un número mayor de personas con nuestro mensaje restando énfasis a los elementos más esotéricos del mensaje, surge la inquietud de que esto también podría disminuir la potencia de nuestra forma de difusión. Existe la inquietud de que el valor de tales intentos podrían ser ilusorios. ¿Podría comentar?

Hasta cierto grado estoy de acuerdo con esa afirmación. He oído recientemente que existe una tendencia, casi un movimiento, en este grupo para crear una forma de difusión que quite del mensaje todos los aspectos esotéricos, difíciles (o considerados difíciles). Este sentido de 'difícil' podría ser totalmente ilusión. Es más bien un punto de vista condescendiente que las personas tienen de la gente 'allí fuera'. Tienes que considerar a quiénes te estás dirigiendo. En términos generales, es a todos. ¿Te diriges a todos de la misma forma? Yo diría que en un nivel, sí, lo haces.

Como la entrevista de televisión que hice en 1982 con Merv Griffin [mostrada en la conferencia]. Todo allí fue sencillo, al grano. Le llegó a él como un mensaje de esperanza, de un Ser altamente evolucionado que venía al mundo con otros, que estaba formulado en algún tipo de términos esotéricos o filosóficos con los que él no estaba familiarizado pero que no fue lo suficientemente extravagante como para causarle ninguna preocupación. Yo pienso que salió muy bien, y lo mismo pasó con cerca de 15 millones de otras personas que lo recuerdan hasta el día de hoy y se refieren al mismo como si hubiera tenido lugar hace unos pocos años. Tuvo lugar literalmente hace 20 años.

Si sacas todo lo que se da en llamar lenguaje esotérico del mensaje, corres peligro de dejar fuera el mensaje mismo. Puedes mermar el mensaje hasta que no sea diferente de una bella historia bíblica dada a los niños en una tarde de domingo durante una clase de Biblia. Esto no es incorrecto, pero no amplía sus conciencias demasiado. Les puede hacer sentirse bien y confortables. Si eso es a lo que aspiras al divulgar este mensaje, entonces ciertamente has comprendido mal el mío, porque ese no es mi objetivo al contar esta historia extraordinaria.

No dudo de que este mensaje pude presentarse a diferentes niveles. Existen las grandes y extensas masas de personas, millones y millones, 270 millones en este país [EEUU]. Dentro de estas masas existirá un cierto número de personas que uno podría denominar las clases medias cultas. En este país constituyen realmente un gran número de personas. En Europa, probablemente sería incluso mayor en relación a la población total. Y existe la intelectualidad. La intelectualidad en Europa, en este país y en Japón, por ejemplo, sería muy numerosa, quizás menos numerosa en otros países.

Existen estas tres categorías generales: la masa de personas, las personas de clase media cultas que constituyen la mayoría de personas de las naciones desarrolladas occidentales y la intelectualidad que surge de estos.

Yo diría que el énfasis principal debería estar en las clases medias cultas. Ellos están dispuestos a cambiar. Ellos están también, muchos de ellos, fijados en sus sistemas de creencia, sin buscar el cambio, incluso resistentes al cambio, pero son cultos y generalmente buenos comunicadores. Muchos de ellos son abiertos de mente, y constituyen el mayor grupo de personas capaz de comprender el mensaje en cualquier comunidad determinada.

El mensaje debe llegar a ellos lo más claramente posible, sin embrollo con discurso esotérico sobre "esto te conducirá hasta la tercera iniciación y entonces te presentarás ante el Señor del Mundo". Esto está bien en mis reuniones, que tienen una audiencia selecta que ha venido por iniciativa propia, pero para el público general, este tipo de lenguaje podría resultar contraproducente.

Pero eso no significa que el mensaje mismo debe dejar fuera todo aspecto que actualmente podrías pensar que es esotérico. El Cristo es esotérico. Es un suceso esotérico. Lo que es esotérico un día podría volverse exotérico otro día. No es esotérico para siempre. No es como si hubiera un lenguaje que perteneciera a los iniciados. (En realidad, existe un lenguaje que pertenece a los iniciados pero no estamos hablando de eso.)

Tan pronto como el Cristo se establezca en el mundo, y el mundo esté viviendo en relativa paz, seguridad y justicia, Él comenzará la reestructuración y representación de los misterios. Los misterios son los misterios de la iniciación que están en la raíz misma de la Nueva Religión Mundial. ¿Cómo puedes dejar esto fuera y realizar un enfoque inteligente para personas inteligentes como si tuvieras algo interesante y nuevo que dar? No tiene sentido dar lo que otras personas están dando.

He encontrado entre nuestra literatura parte que está bien, no hay nada malo con eso, pero otros grupos están haciendo más o menos lo mismo. Tienen el mismo tipo de mensaje que suena popular, complaciente, no vital. Yo lo recojo, lo leo y lo dejo a un lado. Si lo publicas, deseas revelar algo a los demás. No tienes que ser condescendiente con ellos. No tienes que ser condescendiente con las clases medias actuales, que al menos son tan cultas como tú. Tú formas parte de las clases medias cultas de Norteamérica.

No eres de algún modo especial entre ellos. Estás haciendo un trabajo especial, pero no eres diferente en conciencia, en educación, y en la capacidad de comprender. No eres más abierto de mente, o quizás un poco más abierto de mente, que miles de otros grupos.

Tienes que acertar y no ser condescendiente incluso con las amplias masas que no son cultas, pero cuyos corazones podrían estar abiertos y preparados para la transformación que anhelan –el hecho de justicia en el mundo, y también, poderosamente, el hecho de que alguien la va a traer. El Cristo está aquí para mostrar a las personas cómo vivir. Las primeras personas que responderán a Él no serán la intelectualidad ni los periodistas muy populares y muy conocidos. Serán los millones de personas normales y corrientes del mundo cuyos corazones responderán a Su mensaje. Dadles ese mensaje y no lo diluyáis para hacerlo 'agradable'.

Hazlo duro en el sentido de real. Deshazte de tus propias ilusiones sobre quién y qué eres y quién y qué son las masas de personas. Proporciónales el beneficio de la duda. Considera que ellos están al menos igual de preparados como lo estabas tú para escuchar esta historia y responder a ella. ¿Por qué no? Algunos no lo harán, por supuesto, pero otros lo harán.

No puedes decir de antemano en una comunidad quién va a responder a este mensaje. Hablas y algunas personas se acercan al final, quizá la persona que menos esperabas, y dice: "¿Dónde puedo enterarme de más?" Las personas están preparadas de una forma que tú no sabes. Esa es la razón por la cual el Cristo puede estar aquí. Si no fuera el caso, Él no podría estar aquí. Maitreya está en el mundo, preparado y planeando emerger, para comenzar Su misión abierta. Él no podría hacerlo si las personas no estuvieran preparadas para ello.

Maitreya espera que nosotros sigamos Sus pensamientos. Sus pensamientos no son fáciles. El pensamiento mismo es simple: "Compartid los recursos del mundo y cambiad el mundo". Pero sólo decirlo a la gente no es suficiente. Todas las personas están experimentando un cambio de conciencia. Ese es uno de los resultados de la aparición del Cristo en el mundo. Las energías de la Nueva Era, la Era de Acuario, están aumentando en potencia con cada día que pasa. Esto tiene un tremendo efecto en la conciencia de todos.

Pienso que se corre el peligro de abordar esto como si lo hubieras hecho hace 20 o 30 años; volviendo atrás, esta idea de hacer la enseñanza menos esotérica, más corriente, más asequible. No me malinterpretéis. Existe una media aquí, un equilibrio, pero uno no debe pasarse, despojándolo de todo significado, porque el significado es su poder.

También, puedes llenar estos intentos con tus propias ilusiones, especialmente si no eres consciente de tus ilusiones. Este intento de llegar a más personas, pero discretamente, es el resultado, creo, de un temor de que es un momento en el cual tienes que limitarte, fortalecer los muros exteriores, consolidar en lugar de divulgar, porque existen fuerzas que están quitando el derecho de los norteamericanos normales y corrientes a hacer esto, eso o lo otro. Por supuesto, todo ello es cierto. Lo que también es cierto es que tú tienes el derecho a divulgar esta información.

Mi consejo es no consolidar, no restringir, no diluirlo o rebajarlo, que al parecer está en las mentes de algunas personas.

¿Cómo ve que la ilusión se manifiesta principalmente en este grupo, y cuál es el impacto global en la consecución del propósito de este grupo? ¿Existen iniciativas y patrones de pensamiento específicos que podría resaltar?

Existe un tipo de llamada de alarma. "No podemos hacer esto. Llamará la atención hacia nosotros, así que debemos restringirla. No debemos ser tan atrevidos". El Maestro dice lo contrario. "Sed atrevidos", dice. "Sed libres, sed fuertes, no temáis". Así que escoged a quién queréis escuchar. Yo prefiero escuchar al Maestro.

Eso es algo distinto a enviar comunicados específicos del Maestro o míos o de cualquier otra persona a los medios de comunicación que sabéis que se oponen totalmente a toda la idea, o a individuos, grupos o escritores que sabéis que no tienen ningún interés en ello y lo ven sólo como una molesta interrupción a su bienestar. Eso sería estúpido.

En mi opinión el equilibrio debe estar en el poder del mensaje mismo y no restringirlo, darlo al público general en su tono medio, si lo puedo denominar así. Darlo a las clases medias en toda su riqueza, y a los intelectuales en tono medio nuevamente. Ellos están cegados por su propio sentido de superioridad, una superioridad mental ficticia. Esa es su ilusión.

Entre los intelectuales de cada país hay algunas personas como yo. Yo soy un intelectual. Provengo de un grupo intelectual. Todos mis amigos de antaño, antes de que me involucrara en este trabajo, eran pintores, escritores, poetas, médicos, cineastas y músicos. Éramos los intelectuales de nuestra época y lugar específicos. Pero pienso que soy el único que se ha involucrado en este tipo de trabajo. De la noche a la mañana perdí a la mayoría de ellos como amigos. Desaparecieron en el crepúsculo, en sus ilusiones. Así que no tengáis expectativas demasiado elevadas respecto a los intelectuales; no llegaréis muy lejos con ellos. Entre las masas de personas, en las clases medias principalmente, encontraréis vuestra mejor respuesta.

En el trabajo nos confrontamos con las ilusiones de aquellos a los que presentamos nuestra información. ¿Es apropiado exponer la información según el nivel de comodidad de aquellos que se aferran a tales ilusiones? ¿No sería eso ocultar la verdad?

¡Eso sería ocultar la verdad, "exponer la información según el nivel de comodidad"! ¡Sólo un norteamericano podría pensar esa frase! No se utiliza en ningún otro sitio excepto en Norteamérica. El 'nivel de comodidad' de nuestra mente. Evalúa precisamente todo el asunto. ¡El nivel de comodidad no debe excederse! ¡No interfieras con mi nivel de comodidad! Tenéis una pequeña nota en vuestra frente con una bandera que dice: "El nivel de comodidad se detiene aquí". Entonces no recibes nada por encima de eso y te sientes bien. "Si hay algo que siento, es comodidad. No me gusta todo ese esoterismo, no me siento confortable con ello. Pero ahora me siento confortable. Eso es contarme lo que ya sé, así que me siento confortable con ello".

Si reduces el mensaje al 'nivel de comodidad' de la mayoría de las personas que esperas abordar, no conseguirás avanzar mucho. Serás popular, si eso es lo que quieres, pero no divulgarás el mensaje.

Usted habló del deber de los discípulos de presentarse y desafiar a la autoridad, y disipar la ilusión cuando sea posible. Asimismo, el Maestro nos ha animado a través de mensajes a manifestarnos por la paz o para apoyar plataformas específicas. No obstante, existe una confusión común sobre cuánto esfuerzo debería emplearse hacia estas actividades a expensas del trabajo de la Reaparición. Esto parece ser un problema para muchas personas en el grupo. ¿Podría explicar sobre esta aparente división de esfuerzos?

A mi entender no existe división. Realizas las dos. No es el caso de que hagas una a expensas de la otra. Desafías a la autoridad, disipando la ilusión cuando sea posible. Te manifiestas por la paz lo que sea necesario, apoyando plataformas específicas. Pero también utilizas tu tiempo y energía para divulgar la información sobre la Reaparición. Yo no veo la división pero obviamente algunas personas sí.

Depende de cómo organizan sus vidas. Si sus vidas tienen que organizarse y tienen el tiempo medido según el número de horas para esto, el número de horas para aquello, esa es una forma de hacerlo. Yo no trabajo de esa manera, pero quizás es la forma de hacerlo de algunos.

Es una cuestión de sentido común, equilibrio. No existe ningún otro grupo en el mundo preparando el camino para Maitreya y los Maestros. Ese es el trabajo principal. Se le debe dar prioridad.

Usted mencionó la necesidad del valor por parte del discípulo para pronunciar la verdad; ¿debería uno continuar pronunciando la verdad incluso si crea conflicto con otras personas?

Sí y no. Si conoces la verdad o piensas que conoces la verdad te incumbe pronunciarla y no pretender que no la sabes.

Por otro lado, tienes que usar el sentido común. Una de las cualidades que más falta en el discípulo medio idealista es el sentido común. Entonces uno no recibiría estas preguntas rígidas que requieren un sí o no como respuesta. No es una cuestión de sí o no; es sí *y* no. Sí, si piensas que sabes la verdad, debes pronunciarla; siempre que conozcas la verdad te incumbe decir la verdad. Pero, ir por allí gritando tu verdad cuando nadie está escuchando, y cuando nadie desea oírla, es otra cosa. No malgastes tu tiempo y energía vociferando a pastores cristianos: "¿Por qué no lo creéis? El Cristo está en el mundo. ¿Cuántas veces os lo tengo que decir? ¿Por qué, como personas cristianas, no lo creéis?" Conozco personas que hacen esto, que escriben a todas las iglesias, luego me escriben con las respuestas. Es aburrido e infructuoso. Los cristianos organizados y otros grupos religiosos serán los últimos en reconocer a Maitreya. Los pastores no quieren oír la verdad. Ellos quieren oír lo que está en el pequeño libro y quieren ser los que hablan. Los pastores cristianos dan un sermón cada domingo. No reciben ningún desafío de la congregación que simplemente responde: "Amén", y se sienta y escucha. Son las últimas personas a las que se les debe gritar esto. No pierdas tu tiempo y energía gritando a personas que no desean escuchar. ¡Sentido común!

¿Qué ve como las principales ilusiones de los grupos involucrados en el trabajo de la Reaparición?

Una de las principales ilusiones es la noción de la exclusividad del trabajo. Sólo existe un grupo relativamente pequeño –3.000 a 4.000 personas– que fueron traídas a encarnación para realizar el trabajo de la Reaparición. A causa de la cualidad excepcional del trabajo (no sucede cada día que preparas el camino para un Cristo; sólo es una vez cada 2.000 años), en los grupos en su conjunto, si tienen algunas ilusiones, una sería la ilusión de la grandeza, la ilusión del extraordinario valor, potencia y virtud de este tipo de trabajo.

No estoy intentando menospreciar el trabajo. El trabajo tiene virtud, potencia y valor, yo sería el último en decir lo contrario. Pero si existe una tendencia a la ilusión con respecto al trabajo, sería un énfasis excesivo sobre la exclusividad, la dificultad, la importancia, del trabajo. Es sólo tercero en importancia en el mundo. Los grupos más importantes en el mundo, los grupos con el trabajo más arduo, son los grupos políticos. Luego vienen los grupos religiosos, y tercero están los grupos que preparan al mundo para la Reaparición. Tenemos que verlo en perspectiva y tener un sentido de la proporción respecto a ello.

Otro gran espejismo que he encontrado es que las personas imaginan que están trabajando para la Reaparición, cuando en realidad no lo hacen. Están interesadas en la Reaparición. Están de acuerdo que Él está aquí. Están de acuerdo con todos los hechos, y se imaginan que están trabajando para Él. A menudo no lo hacen. Si son honestos y miran lo que hacen día a día, mes a mes, y escriben cuántas horas a la semana, cuántas semanas al mes, cuántos meses al año han trabajado realmente para la Reaparición, descubrirían que es mucho menos de lo que se imaginan. Ellos están interesados en la Reaparición, pero no están trabajando para la Reaparición. Existe una gran diferencia entre estas dos afirmaciones. La mayoría de personas en los grupos están interesadas. La mayoría de las personas en los grupos dejan que otros hagan el trabajo real. Hay relativamente pocas personas en cada grupo que realizan el trabajo que divulga la información sobre la reaparición del Cristo. Es un pensamiento sorprendente, pero es cierto.

Algunas personas sólo se involucran cuando yo vengo a dar una conferencia. Cuando yo vengo, digamos, a Norteamérica, observo los mismos rostros cada año. Yo digo: "Oh, mira es fulano de tal", y me dicen: "Sí, no se les ha visto desde la última vez. Les vemos una o dos veces al año, justo antes de que vengas. Reparten algunos folletos". De pronto se animan. Eso les da el derecho a venir a la conferencia o a las actividades del grupo.

Si eres honesto –y tienes que ser honesto en este trabajo– encontrarás que lo que estoy diciendo es cierto. Muchas personas no están involucradas, pero piensan que están involucradas porque están interesadas. Confunden su interés por la involucración. Ese es un gran espejismo. Involucración significa hacer, acción, sacrificio de tiempo y energía. Eso es servicio.

La experiencia muestra que es difícil relacionarse con otras personas y participar en grupos sin compartir algo de su ilusión o espejismo. De cierta manera, la ilusión es el pegamento que mantiene a los

grupos activos. Y abordar la ilusión en un grupo significa amenazar su cohesión. ¿Cómo ve a un grupo trabajando sin este problema?

Puedo ver a lo que se refiere. ¿Pero por qué? ¿Quién dice eso? "De cierta manera, la ilusión es el pegamento que mantiene a los grupos activos. Y abordar la ilusión en un grupo significa amenazar su cohesión". Veo que un grupo así tiene un gran problema. No estoy de acuerdo con esto para nada. Pienso que continúa, no estoy diciendo que no es real. Pero estamos hablando de grupos reales. Así es como la mayoría de grupos podrían trabajar. Eso es lo que significa mantener la 'comodidad' en la mente y así llevar todo hasta un nivel confortable, aceptable, y todo lo que vaya más allá de ello nunca se menciona.

Existen grupos que se reúnen y nunca hablan de política. Siempre discrepan y se pelean, y no desean pelearse y discrepar, así que nunca mencionan la política. Existen grupos que se reúnen regularmente y se entienden muy bien, pero nunca hablan sobre religión. Todos pertenecen a religiones diferentes y cada vez que hablan sobre religión, comienzan a pelearse. Así que se mantienen 'cómodos' aceptando los espejismos e ilusiones de estos grupos, pero no son de estos grupos de los que estoy hablando.

En este grupo, puedes hablar de política, cualquier tipo de política, derecha, izquierda y centro, o puedes hablar sobre religión. No les importa a qué religión perteneces. Éste es un grupo diferente. Estoy intentando indicar cuán diferente tiene que ser un grupo esotérico.

¿Qué características podrían distinguir la ilusión a nivel grupal más allá de lo que el Maestro DK describe como que afecta al individuo?

A nivel grupal ves las ilusiones individuales aumentadas porque hay más personas con ellas, y así existe una ilusión grupal. Existen también las ilusiones que se forman por las ilusiones de la persona más fuerte, o la más presumida, o la persona más locuaz del grupo, que no necesariamente es la personas más fuerte, sino la persona que habla más, que afecta más al pensamiento del grupo, que piensa que ella es la personas más evolucionada y responsable para educar al grupo. Descubres que estos espejismos se convierten en los espejismos del grupo en su conjunto, las ilusiones en las ilusiones del grupo en su conjunto.

Eso puede ser bastante sutil, sucediendo lentamente a diario, pero es sin embargo igual de poderoso. O puede ser el poderoso impacto de una mente que está segura de sí misma pero llena de ilusión, sobre mentes que están llenas de otras ilusiones y dejan sitio para ellas. Esa ciertamente es una forma en la cual las ilusiones del grupo se caracterizan.

¿Cómo reconocemos las cualidades de la organización en contrapartida al organismo? ¿Cuáles son las señales de que un grupo está trabajando demasiado como una organización en vez de como un organismo? ¿Está el grupo moviéndose en la dirección correcta para trabajar como un organismo, o es la organización aún una gran ilusión?

Reconocemos las cualidades de un organismo por su capacidad de trabajar sin liderazgo. Un organismo trabaja desde sí mismo, desde la naturaleza de la forma, la vida dentro de la forma manifestando sus varios enfoques del mundo, hasta publicar y todo lo conectado con hacer conocer la información. Si ese grupo está trabajando como un organismo, lo hacen los individuos bajo el patrocinio de sus propias almas, sin supervisión. Las personas no están trabajando bajo la supervisión de alguien, como un jefe. Trabajan desde sí mismos, utilizando sus propias facultades y buscando orientación si la precisan, pero de otro modo lo hacen por sus propios medios.

Si estuvieran trabajando verdaderamente como un organismo, si se hacen cargo de algo, lo realizan. En cada grupo existen aquellos que se hacen cargo de un trabajo y nunca realmente lo completan. Empezarán el trabajo y lo dejaran sin acabar, y otra persona lo terminará. Eso es un desgaste en la efectividad y energías de un grupo.

El principal aspecto de un grupo que trabaja como un organismo es que no hay un liderazgo declarado. No depende del poder de un líder individual. No depende del poder de un orador que tiene la voz más alta y más ideas que las demás personas. No depende de personas que tienen dinero y por tanto la capacidad de poner sus recursos, sus casas, sus coches, para el beneficio del grupo. Existen aquellos que reclaman beneficios, que reclaman pertenencia en el grupo por el derecho del dinero. Ellos proporcionan un lugar de encuentro, proporcionan instalaciones porque tienen la capacidad de hacerlo. Eso es aceptable, pero no confiere ningún derecho. Si el grupo está trabajando como un organismo, no lo hará.

Si el grupo está trabajando como una organización, entonces podría suceder y a menudo lo hace. Una organización se distinguirá por el hecho de que existen personas a cargo. Habrá personas que controlan las ideas, el flujo de ideas, la forma en que se escriben las ideas. Eso sería una organización como la organización en el campo externo de los negocios. El grupo parecerá cada vez más un negocio, mientras las personas en el mismo provienen cada vez más de un entorno de negocios, conocen estas rutinas y adaptan las rutinas a este tipo de grupo.

Este grupo es totalmente un nuevo tipo de grupo y no funciona bien cuando está organizado de esa manera. Un cierto grado de organización es necesario en todo grupo que es mayor de dos o tres personas. Pero el grado de organización debe mantenerse en mínimos y debe ser simplemente el resultado de la demanda proveniente del exterior. Cuando la demanda es alta, expandes la capacidad organizativa para satisfacer la demanda. Cuando la demanda no es grande, no lo haces.

Una organización funcionaría de otra manera y crearía una organización que estuviera construida para suministrar una gran cantidad de información tanto si existe una demanda de ello como si no. Cuando crece, es capaz de suministrarla. Cuando es baja, tienen que cargar con esta organización que, hasta cierto grado, no se utiliza. Existen otras diferencias, estoy seguro. Algunas de ellas se os ocurrirán a vosotros y no se me ocurren a mí. Pero la meta de toda organización es hacerse más grande, más y más poderosa, más y más conocida, como una voz poderosa en el mundo.

Nuestro propósito es hacer conocer la aparición de Maitreya y los Maestros en el mundo lo mejor que podemos, lo que significa a la mayor escala posible. Eso, a mi entender, se hace mejor como esa entrevista de televisión con Merv Griffin. Aparentemente la vieron 15 millones de personas. No hay nada especial sobre la entrevista. No es ni mejor ni peor que cientos de otras que tuvieron lugar antes y después. Pero fue en el show de Merv Griffin, y él tenía una audiencia de 15 millones de personas. Los números hablan. La mejor manera para cualquier grupo de trabajar es llegar a audiencias a través de la televisión. En una entrevista de 20 o 30 minutos, puedes llegar a millones de personas. Si hablas sencilla y apropiadamente, puedes ser muy potente y efectivo. Es el instrumento más potente de comunicación que poseemos, lo que explica por qué todos los líderes mundiales la utilizan cada vez que pueden.

[Nota del Editor: Para el debate sobre organismo versus organización en términos de cómo debe funcionar el grupo, ver *El Arte de la Cooperación*, Segunda Parte 'Espejismo' de Benjamin Creme.]

Tensión espiritual

¿Cuál es la importancia de la tensión espiritual para liberarnos del espejismo y la ilusión?

Sin tensión espiritual no tendríamos la visión espiritual. La visión espiritual que tenemos pensamos probablemente que proviene de los libros o de escuchar a personas que hablan. Esto lo denominamos nuestras ideas e ideales espirituales. Vivimos nuestras vidas en relación a ellos, pero no prestamos mucha atención a la idea de tensión espiritual. ¿Cómo sabemos que estas ideas e ideales no son simplemente ilusiones? Sólo podemos reconocer la ilusión desde la visión espiritual que surge como resultado de la acumulación de tensión espiritual.

La tensión espiritual no es continua en la mayoría de personas a lo largo de sus vidas. No es algo que se nos da y una vez que la tenemos, la tenemos. Es como un reloj que constantemente tenemos que darle cuerda. Al pasar el tiempo, se desenrolla hasta que apenas puede hacer girar las manecillas y le tenemos que dar cuerda nuevamente. A las baterías espirituales también hay que darles cuerda y éste es el valor de la meditación, y sobre todo, de la Meditación de Transmisión.

La tensión espiritual es el resultado de la aspiración espiritual y el servicio –meditación, o trabajo relacionado con el emerger de Maitreya y los Maestros, trabajo que tiene un ideal espiritual como energía motriz para el trabajo. La tensión espiritual alcanza un punto que puede entonces verse en alguna creatividad, cuando la creatividad es el resultado, cuando has acumulado la tensión espiritual hasta el punto que la presión te fuerza hacia la acción espiritual. Y es acción. No es dando vueltas con un sentimiento maravilloso de ti mismo como una 'persona espiritual'. No tiene nada que ver con eso; eso es principalmente espejismo. Este sentimiento de que uno es una persona espiritual, siempre mirando ligeramente hacia arriba, poniendo los ojos en blanco y siempre hablando calmadamente, nunca riendo en voz alta, sólo de forma distinguida, nunca diciendo nada fuerte o grosero, o estando en desacuerdo con otras personas, siendo 'espiritual' –eso es espejismo. Incluso la idea de 'ser espiritual' es un espejismo. Si eres espiritual, no piensas en ello.

Las baterías espirituales se cargan con pensamientos espirituales y los pensamientos espirituales son creatividad. No es tener pensamientos bonitos; es ser creativo en aquella manera en que uno es creativo. Eso acumula tensión espiritual. La meditación acumula tensión espiritual, especialmente la Meditación de Transmisión. Es acción de una naturaleza espiritual, y no me refiero a lo que normalmente se denomina 'buena' acción –por supuesto será buena si es acción espiritual. Pero no tiene que ser bueno o espiritual de forma consciente. Es acción para el bien del mundo. Cualquier transformación del mundo hacia un estado mejor; cualquier acción así es espiritual ya sea en el plano físico, emocional, mental o del alma. Todo lo que lleva a una persona o a la humanidad en su conjunto hacia un nivel superior es esencialmente espiritual.

La 'Mano' de Maitreya

Esta foto muestra la huella de la mano de Maitreya, manifestada milagrosamente en el espejo de un lavabo en Barcelona, España. No es simplemente una huella de mano sino una imagen tridimensional con detalle fotográfico.

Publicada por primera vez en la revista *Share International* (Octubre 2001), la 'Mano' es un medio para invocar las energías curativas y ayuda de Maitreya. Colocando la mano propia sobre ella, o simplemente mirándola, la curación y ayuda de Maitreya puede invocarse (sujeto a la Ley Kármica). Hasta que Maitreya emerja abiertamente, y veamos Su rostro, es lo más cerca que Él puede venir hasta nosotros.

"Mi ayuda está a vuestra disposición, sólo tenéis que pedirla."

Maitreya, el Instructor del Mundo, del Mensaje Nº 49

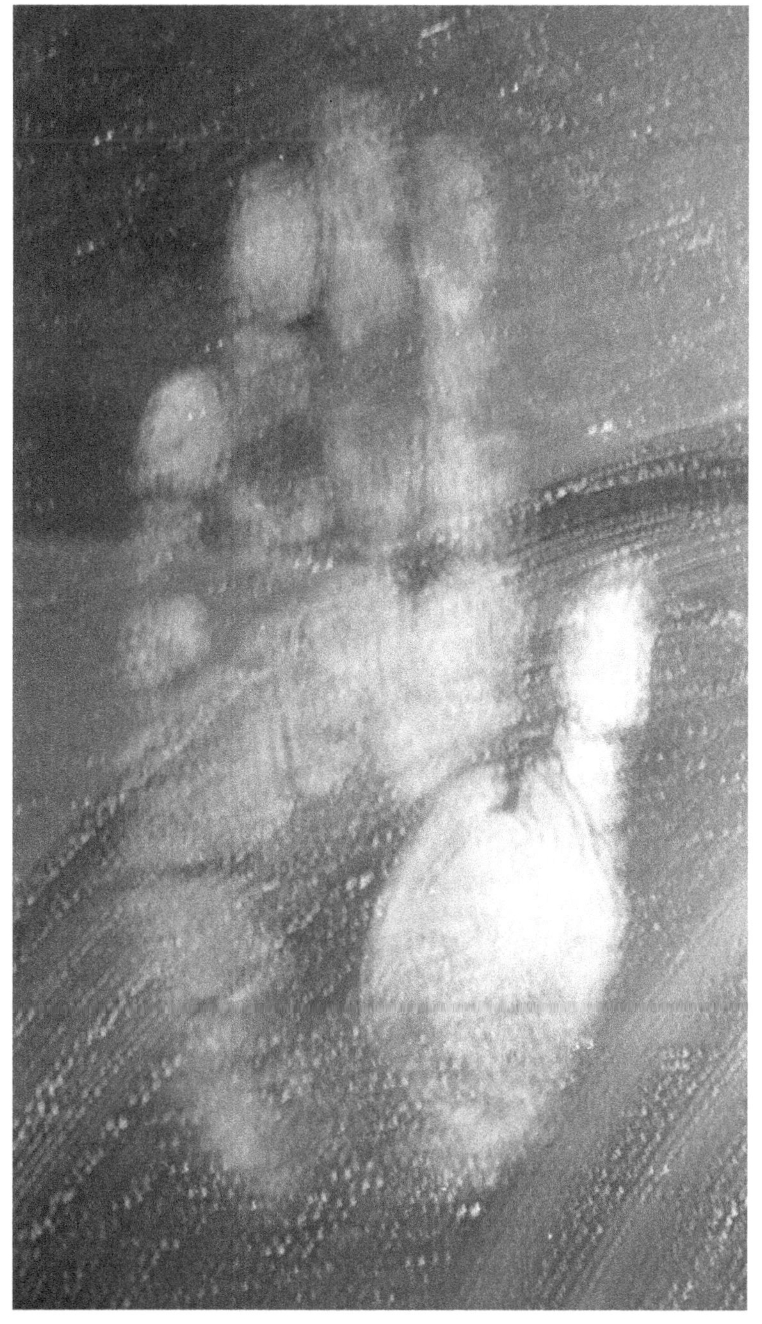

Meditación de Transmisión

— Una breve introducción —

Una meditación grupal que proporciona tanto un servicio dinámico al mundo como un poderoso desarrollo espiritual y personal.

La Meditación de Transmisión es una meditación grupal establecida para distribuir mejor las energías espirituales de sus custodios, los Maestros de Sabiduría, nuestra Jerarquía Espiritual planetaria. Es un medio de "reducir" (transformar) estas energías para que se vuelvan más asequibles y útiles para el público en general. Es la creación, en cooperación con la Jerarquía de Maestros, de un vórtice o depósito de energía elevada para el beneficio de la humanidad.

En marzo de 1974, bajo la dirección de su Maestro, Benjamin Creme formó el primer grupo de Meditación de Transmisión en Londres. Actualmente existen cientos de grupos de Meditación de Transmisión en todo el mundo y se forman grupos nuevos todo el tiempo.

Los grupos de Meditación de Transmisión proporcionan un enlace por el cual la Jerarquía puede responder a la necesidad del mundo. El motivo principal de este trabajo es el servicio, pero también constituye un poderoso método de crecimiento personal. Muchas personas están buscando formas de mejorar el mundo. Este deseo de servir puede ser poderoso, pero difícil de cumplir, en nuestras ajetreadas vidas. Nuestra alma necesita de un medio por el cual servir, pero no siempre respondemos a su llamada, y así producimos desequilibrio y conflicto en nuestro interior. La Meditación de Transmisión proporciona una oportunidad única para servir de una forma potente y totalmente científica con el mínimo de inversión de tiempo y energía.

Benjamin Creme realiza talleres de Meditación de Transmisión en todo el mundo. Durante la meditación él es adumbrado por Maitreya, el Instructor del Mundo, lo que permite a Maitreya conferir nutrición espiritual a los participantes. Muchas personas se inspiran para comenzar a practicar la Meditación de Transmisión después de asistir a tales talleres, y muchos reconocen haber recibido curación durante el proceso.

[Véase *Transmisión: Una Meditación para la Nueva Era* de Benjamin Creme, Share Ediciones]

La Gran Invocación

Desde el punto de Luz en la Mente de Dios
Que afluya luz a las mentes de los hombres.
Que la Luz descienda a la Tierra.

Desde el punto de Amor en el Corazón de Dios
Que afluya amor a los corazones de los hombres.
Que Cristo retorne a la Tierra.

Desde el centro donde Voluntad de Dios es conocida
Que el propósito guíe a las pequeñas voluntades de los hombres—
El Propósito que los Maestros conocen y sirven.

Desde el centro que llamamos la raza de los hombres
Que se realice el Plan de Amor y de Luz
Y selle la puerta donde se halla el mal.

Que la Luz, el Amor y el Poder restablezcan el Plan en la Tierra.

La Gran Invocación, utilizada por el Cristo por primera vez en Junio de 1945, fue dada por Él a la humanidad para facultar al hombre a invocar las energías que podrían cambiar nuestro mundo y hacer posible el retorno del Cristo y la Jerarquía. Esta Oración Mundial, traducida a muchos idiomas, no está patrocinada por ningún grupo o secta. Es utilizada a diario por hombres y mujeres de buena voluntad que desean lograr correctas relaciones en toda la humanidad.

La Oración para la Nueva Era

Yo soy el Creador del Universo.

Yo soy el Padre y la Madre del Universo.

Todo viene de Mí.

Todo regresará a Mí.

Mente, Espíritu y Cuerpo son Mis Templos,

Para que el Ser realice en ellos

Mi Supremo Ser y Devenir.

La Oración para la Nueva Era, dada por Maitreya, el Instructor del Mundo, es un gran mantram o afirmación con un efecto invocativo. Será una herramienta poderosa en nuestro reconocimiento de que el hombre y Dios son Uno, de que no hay separación. El 'Yo' es el Principio Divino detrás de toda creación. El Ser emana del Principio Divino y es idéntico a él.

La forma más efectiva de utilizar este mantram es decir o pensar el texto con la voluntad enfocada, mientras se mantiene la atención en el centro ajna en el entrecejo. Cuando la mente comprende el significado de los conceptos, y se ejerce la voluntad simultáneamente, estos conceptos serán activados y el mantram funcionará. Si se dice sinceramente cada día, crecerá en ti una comprensión de tu verdadero Ser.

(Publicada por primera vez en *Share International*, Septiembre 1988.)

Libros de Benjamin Creme

(Ordenados según fecha de publicación en inglés)

La Reaparición del Cristo y Los Maestros de Sabiduría

El primer libro de Benjamin Creme proporciona la información básica y pertinente en relación al regreso de Maitreya, el Cristo. Colocando el acontecimiento más profundo de los últimos 2.000 años en su correcto contexto histórico y esotérico, Creme describe los efectos que tendrá la presencia del Instructor del Mundo tanto en las instituciones del mundo como en la persona normal y corriente. Los temas abarcan desde el alma y la reencarnación, a la energía nuclear, los ovnis, y un nuevo orden económico.

1ª Edición 1989. 2ª Edición 1994. 3ª Edición 2020 ISBN Nº 84-89147-56-0 (Share Ediciones). (Traducción de la 2ª Edición Inglesa)

Mensajes de Maitreya el Cristo

Durante los años de preparación para Su emerger, Maitreya dio 140 mensajes a través de Benjamin Creme durante conferencias públicas, utilizando el adumbramiento mental y la conexión telepática que surge de ello. Los Mensajes de Maitreya inspiran al lector para divulgar la noticia de Su reaparición y para trabajar de forma urgente en el rescate de las millones de personas que sufren de pobreza y hambruna en un mundo de abundancia. Cuando se leen en voz alta, los mensajes invocan la energía y bendición de Maitreya.

2ª Edición 2020. ISBN Nº 84-89147-57-7 (Share Ediciones). (Traducción de la 2ª Edición Inglesa)

Transmisión: Una Meditación para la Nueva Era

La Meditación de Transmisión es una forma de meditación grupal con el propósito de 'reducir' (transformar) energías espirituales que así se hacen asequibles y útiles para el público en general. Es la creación, en cooperación con la Jerarquía de Maestros, de un vórtice o estanque de energía superior para el beneficio de la humanidad.

Describe un proceso dinámico, presentado al mundo por el Maestro de Benjamin Creme en 1974. Grupos dedicados al servicio al mundo transmiten energías espirituales dirigidas a través de ellos por los Maestros de nuestra Jerarquía Espiritual. Aunque el principal motivo de este trabajo es el servicio, también es un poderoso medio de crecimiento personal. Se dan directrices para la formación de grupos de transmisión, junto con respuestas a muchas preguntas relacionadas con el trabajo.

2ª Edición 2020. ISBN Nº 84-89147-59-1 (Share Ediciones). (Traducción de la 6ª Edición Inglesa)

Un Maestro Habla, Tomo I

La Humanidad está guiada, desde detrás del escenario, por un grupo de hombres altamente evolucionados e iluminados que nos han precedido en el sendero de la evolución. Estos Maestros de la Sabiduría, como son llamados, raramente aparecen abiertamente, sino que en general trabajan a través de Sus discípulos – hombres y mujeres que influencian a la sociedad a través de su trabajo en ciencia, educación, arte, religión y política.

El artista británico Benjamin Creme es un discípulo de un Maestro con El cuál está en estrecho contacto telepático. Desde el inicio de la publicación de Share International, la revista de la cual Benjamin Creme es uno de los dos editores jefes, su Maestro ha contribuido con una serie de artículos inspiradores sobre una amplia variedad de temas: Razón e Intuición, La Nueva Civilización, Salud y Curación, El Arte de Vivir, La Necesidad de Síntesis, La Justicia es Divina, El Hijo del Hombre, Los Derechos Humanos, La Ley del Renacimiento – y muchos más.

El principal propósito de estos artículos es llamar la atención sobre las necesidades actuales y las de un futuro inmediato. Otra función es dar información sobre las enseñanzas de Maitreya, el Maestro de todos los Maestros, que está en Londres desde 1977 preparándose para Su misión como Instructor del Mundo para toda la humanidad. Esta nueva y ampliada edición contiene todos los 222 artículos de los primeros 22 volúmenes de Share International.

2ª Edición 2020. ISBN Nº 84-89147-58-4 (Share Ediciones). (Traducción de la 3ª Edición Inglesa)

Un Maestro Habla, Tomo II

La Humanidad está guiada, desde detrás de la escena, por un grupo de hombres altamente evolucionados e iluminados que nos han precedido en el sendero de la evolución. Estos Maestros de la Sabiduría, como son llamados, raramente aparecen abiertamente, sino que en general trabajan a través de Sus discípulos – hombres y mujeres que influencian a la sociedad a través de su trabajo en ciencia, educación, arte, política y cada esfera de la vida.

El artista británico Benjamin Creme era un discípulo de un Maestro con el cuál estaba en estrecho contacto telepático. Desde el lanzamiento en 1982 de la publicación de Share International, la revista de la cual Benjamin Creme era el editor fundador, su Maestro ha contribuido con una serie de artículos inspiradores sobre una amplia variedad de temas: La fraternidad del hombre, El fin de la guerra, Unidad en la diversidad, Salvar el planeta, Las ciudades del mañana, y muchos más.

El propósito de estos artículos es, en las propias palabras del Maestro, "presentar a los lectores de esta revista un retrato de la vida que está por delante, inspirar un enfoque positivo y feliz a ese futuro y equiparles con las herramientas de conocimiento con las que tratar correctamente los problemas que a diario surgen en el camino. Desde Mi situación de privilegio en experiencia y visión, he buscado actuar como 'vigilante' y guarda, para advertir del peligro cercano y permitirte a ti, el lector, actuar con valor y convicción en el servicio al Plan."

Un Maestro Habla, Tomo II, contiene todos los artículos publicados en la revista Share International de Enero de 2004 hasta Diciembre de 2016.

1ª Edición 1995. ISBN Nº 84-89147-53-9 (Share Ediciones). (Traducción de la 1ª Edición Inglesa)

La Misión de Maitreya, Tomo I

El primer libro de una trilogía que describe con amplitud adicional el emerger de Maitreya. Este tomo puede considerarse como una guía para la humanidad mientras realiza su viaje evolutivo. Se cubre una amplia gama de temas, como: las nuevas enseñanzas del Cristo, meditación, karma, vida después de la muerte, curación, transformación social, iniciación, papel del servicio, y los Siete Rayos.

2ª Edición 2020. ISBN Nº 84-89147-60-7 (Share Ediciones). (Traducción de la 3ª Edición Inglesa)

La Misión de Maitreya, Tomo II

Este volumen contiene una variada colección de las enseñanzas de Maitreya a través de Su colaborador, Sus muy precisas predicciones de acontecimientos mundiales, descripciones de Sus apariciones personales milagrosas, e información de fenómenos y señales relacionados. También contiene entrevistas únicas con el Maestro de Benjamin Creme sobre temas actuales. Tópicos relacionados con el futuro incluyen nuevas formas de gobierno, colegios sin muros, energía y pensamiento, la Tecnología de la Luz venidera, y el arte de la realización del Ser.

2ª Edición 2020. ISBN Nº 84-89147-61-4 (Share Ediciones). (Traducción de la 1ª Edición Inglesa)

Las Enseñanzas de la Sabiduría Eterna

Una perspectiva general del legado espiritual de la humanidad, este libro es una introducción concisa y fácil de entender de las Enseñanzas de la Sabiduría Eterna. Explica los principios básicos del esoterismo, incluyendo: la fuente de la Enseñanza, el origen del hombre, el Plan de evolución, renacimiento y reencarnación, y la Ley de Causa y Efecto (karma). También incluye un glosario esotérico y una lista de lectura recomendada.

2ª Edición 2020. ISBN Nº 978-84-89147-69-0 (Share Ediciones). (Traducción de la 1ª Edición Inglesa)

La Misión de Maitreya, Tomo III

Benjamin Creme presenta una visión convincente del futuro, con Maitreya y los Maestros ofreciendo abiertamente Su orientación e inspiración. Los tiempos venideros verán la paz establecida; el compartir de los recursos mundiales como norma; la conservación de nuestro medio ambiente como la máxima prioridad. Las ciudades del mundo se convertirán en centros de gran belleza. Creme también analiza a 10 famosos artistas – incluyendo a da Vinci, Miguel Angel y Rembrandt – desde una perspectiva espiritual.

2ª Edición 2020. ISBN Nº 84-89147-62-1 (Share Ediciones), 682 páginas. (Traducción de la 1ª Edición Inglesa)

El Gran Acercamiento: Nueva Luz y Vida para la Humanidad

Aborda los problemas de nuestro mundo caótico y su cambio gradual bajo la influencia de Maitreya y los Maestros de Sabiduría. Cubre temas como compartir, EEUU en un dilema, conflictos étnicos, crimen, medio ambiente y contaminación, ingeniería genética, ciencia y religión; educación, salud y curación. Predice extraordinarios descubrimientos científicos venideros y muestra un mundo libre de guerra donde las necesidades de todas las personas son satisfechas.

Primera Parte: "La Vida Futura para la Humanidad"; Segunda Parte: "El Gran Acercamiento"; Tercera Parte: "La Llegada de una Nueva Luz".

2ª Edición 2020. ISBN 84-89147-63-8 (Share Ediciones). (Traducción de la 1ª Edición Inglesa)

El Arte de la Cooperación

Trata de los problemas más acuciantes de nuestros tiempos, y sus soluciones, basándose en las Enseñanzas de la Sabiduría Eterna. Encerrados en la vieja competencia, intentamos solucionar los problemas utilizando métodos anticuados, mientras que la respuesta –la cooperación– yace en nuestras manos. El libro muestra el sendero hacia un mundo de justicia, libertad y paz a través de un creciente aprecio por la unidad que subyace toda vida.

Primera Parte: "El Arte de la Cooperación"; Segunda Parte: "El Problema del Espejismo"; Tercera Parte: "Unidad".

2ª Edición 2020. ISBN 84-89147-64-5 (Share Ediciones). (Traducción de la 1ª Edición Inglesa)

Las Enseñanzas de Maitreya: Las Leyes de la Vida

Presenta las Leyes de la Vida, la visión directa, simple, no doctrinaria y profunda de Maitreya. Revelando la Ley del Karma, o Causa y Efecto, estas extraordinarias predicciones de sucesos mundiales fueron dadas por Maitreya entre 1988 y 1993, publicándose por primera vez en la revista *Share International*. Editadas por Benjamin Creme.

Pocas personas podrían leer estas páginas sin experimentar un cambio. Para algunos, los extraordinarios comentarios sobre temas de actualidad les serán de gran interés, mientras que para otros conocer los secretos de la realización del ser, la sencilla descripción de la verdad experimentada, será toda una revelación. Para las personas que busquen comprender las Leyes de la Vida, estas sutiles y profundas revelaciones les conducirán rápidamente hasta el centro de la vida misma, y les ofrecerán un simple sendero que conduce hasta la cumbre de la montaña. La unidad esencial de toda vida se desvela de un modo claro y significativo. Jamás las leyes según las que vivimos se han descrito de una forma tan natural y liberadora.

2ª Edición 2020. ISBN 84-89147-65-2 (Share Ediciones). (Traducción de la 1ª Edición Inglesa)

El Arte de Vivir: Vivir dentro de las Leyes de la Vida

En la Primera Parte, Benjamin Creme describe la experiencia de vivir como una forma de arte, como la pintura o la música. Alcanzar un nivel elevado de expresión requiere tanto el conocimiento como el cumplimiento de ciertos principios fundamentales como la Ley de Causa y Efecto y la Ley del Renacimiento, todo descrito con detalle. La Segunda y Tercera Parte explican cómo podemos emerger de la niebla de la ilusión para convertirnos en un todo y una conciencia despierta de uno mismo.

Primera Parte: "El Arte de Vivir"; Segunda Parte: "Los Pares de Opuestos"; Tercera Parte: "Ilusión".

2ª Edición 2020. ISBN 978-84-89147-66-9 (Share Ediciones), 272 páginas. (Traducción de la 1ª Edición Inglesa)

Maitreya, el Instructor del Mundo para Toda la Humanidad

Presenta una perspectiva general del retorno al mundo cotidiano de Maitreya y Su grupo, los Maestro de Sabiduría; los enormes cambios que la presencia de Maitreya ha suscitado; y Sus recomendaciones para el futuro inmediato. Describe a Maitreya como un gran Avatar espiritual con un amor, sabiduría y poder inconmensurables; y también como un amigo y hermano de la humanidad que está aquí para liderarnos hacia la Nueva Era de Acuario.

2ª Edición 2020, ISBN 978-84-89147-67-6 (Share Ediciones). (Traducción de la 1ª Edición Inglesa)

El Despertar de la Humanidad

Un libro asociado a El Instructor del Mundo para Toda la Humanidad, que resalta la naturaleza de Maitreya como la Personificación del Amor y la Sabiduría. Mientras que El Despertar de la Humanidad se centra en el día en que cual Maitreya se declarará a Sí mismo abiertamente como el Instructor del Mundo para la era de Acuario. Describe el proceso del emerger de Maitreya, los pasos que conducirán al Día de la Declaración, y la respuesta anticipada de la humanidad a este momento trascendental.

2ª Edición 2020, ISBN 978-84-89147-68-3 (Share Ediciones). (Traducción de la 1ª Edición Inglesa)

La Agrupación de las Fuerzas de la Luz: Ovnis y Su Misión Espiritual

La Agrupación de las Fuerzas de la Luz es un libro sobre ovnis, pero con una diferencia. Está escrito por alguien que ha trabajado con ellos y tiene conocimiento desde dentro. Benjamin Creme ve la presencia de ovnis como planeada y de inmenso valor para las personas de la Tierra.

Según Benjamin Creme, los ovnis y las personas dentro de ellos están consagrados a una misión espiritual para aliviar la suerte de la humanidad y salvar a este planeta de una destrucción adicional y veloz. Nuestra propia Jerarquía planetaria, liderada por Maitreya, el Instructor del Mundo, que ahora vive entre nosotros, trabaja incansablemente con sus Hermanos del Espacio en un proyecto fraternal para restablecer la cordura en esta Tierra.

Los temas tratados en este libro incluyen: el trabajo de los Hermanos del Espacio en la Tierra; George Adamski; círculos de las cosechas; la nueva Tecnología de la Luz; el trabajo de Benjamin Creme con los Hermanos del Espacio; los peligros de la radiación nuclear; salvar el planeta; la 'estrella' que anuncia el emerger de Maitreya; la primera entrevista de Maitreya; educación en la Nueva Era; intuición y creatividad; familia y karma.

Primera Parte: "Ovnis y Su Misión Espiritual"; Segunda Parte: "Educación en la Nueva Era"

2ª Edición 2020. ISBN 978-84-89147-70-6 (Share Ediciones). (Traducción de la 1ª Edición Inglesa)

Unidad en la Diversidad: el Camino Adelante para la Humanidad

Necesitamos una visión nueva y esperanzadora para el futuro. Este libro presenta tal visión: un futuro que abarca un mundo en paz, armonía y unidad, mientras que la cualidad y el enfoque de cada individuo son bienvenidos y necesarios. Es visionario, pero expresado con una lógica convincente e irresistible.

Unidad en la Diversidad: El Camino Adelante para la Humanidad incumbe al futuro de cada hombre, mujer y niño. Trata del futuro de la misma Tierra. La humanidad, indica Creme, está en una encrucijada y tiene que tomar una gran decisión: seguir hacia adelante y crear una nueva y brillante civilización en la cual todos son libres y la justicia social reina, o continuar como estamos, divididos y compitiendo, y presenciar el fin de la vida en el planeta Tierra.

Creme escribe para la Jerarquía Espiritual en la Tierra, cuyo Plan para la mejora de toda la humanidad presenta. Él muestra que el sendero hacia adelante para todos nosotros es la realización de nuestra unidad esencial sin el sacrificio de nuestra igualmente diversidad esencial.

2ª Edición 2020. ISBN 978-84-89147-71-3 (Share Ediciones). (Traducción de la 1ª Edición Inglesa)

Los libros de Benjamin Creme han sido traducidos del inglés y publicados en alemán, castellano, francés, holandés y japonés por grupos que han respondido a este mensaje. Algunos de estos libros también han sido traducidos al chino, croata, esloveno, finlandés, griego, hebreo, italiano, portugués, rumano, ruso y sueco. Están proyectadas más traducciones. Estos libros están disponibles en librerías locales como también online.

Revista Share International

Una revista única que publica cada mes: información actualizada sobre la reaparición de Maitreya, el Instructor del Mundo; un artículo de un Maestro de Sabiduría; ampliación de la enseñanza esotérica; respuestas de Benjamin Creme a una variedad de preguntas de actualidad y esotéricas; artículos y entrevistas con personas a la vanguardia del cambio progresista del mundo; noticias de agencias de la ONU e informes de progresos positivos en la transformación de nuestro mundo.

Share International reúne las dos líneas más importantes del pensamiento de la Nueva Era: el político y el espiritual. Muestra la síntesis que sirve de base a los cambios políticos, sociales, económicos y espirituales que están ocurriendo actualmente a escala global, y busca estimular acciones prácticas para reconstruir nuestro mundo con unas bases más justas y compasivas.

Share International cubre noticias, sucesos y comentarios relacionados con las prioridades de Maitreya: un suministro adecuado de alimentos apropiados, vivienda y cobijo adecuados para todos, sanidad como un derecho universal, el mantenimiento de un equilibrio ecológico en el mundo.

Share International se publica en inglés. Existen también versiones en alemán, esloveno, francés, holandés y japonés.

Para más información:

www.share-es.org

Sobre el Autor

Benjamin Creme, pintor y esoterista de origen escocés, ha estado durante casi 40 años preparando al mundo para el acontecimiento más extraordinario de la historia humana – el regreso de nuestros mentores espirituales al mundo cotidiano.

Ha sido entrevistado por cadenas de televisión, radio y películas documentales de todo el mundo, y ofrece conferencias regularmente por toda Europa Oriental y Occidental, los EEUU, Japón, Australia, Nueva Zelanda, Canadá y México.

Entrenado y supervisado durante muchos años por su propio Maestro, comenzó su trabajo público en 1974. Él anunció en 1982 que el Señor Maitreya, el por tanto tiempo esperado Instructor del Mundo, estaba residiendo en Londres, preparado para presentarse abiertamente si era invitado por los medios de comunicación. Este suceso es ahora inminente.

Benjamin Creme continuó llevando a cabo su tarea como mensajero de esta noticia esperanzadora hasta su fallecimiento en octubre de 2016. Sus varios libros, diecisiete, han sido traducidos a numerosos idiomas. Él era también editor jefe de la revista *Share International*, que circula en más de 70 países. Él no aceptaba dinero por ninguno de estos trabajos.

Benjamin Creme vivía en Londres, estaba casado, y tenía tres hijos.

Índice alfabético